वाह रे गोविन्दा वाह

वाह रे गोविन्दा वाह

दिनेश साहू

लोकभारती प्रकाशन

लोकभारती प्रकाशन
पहली मंजिल, दरबारी बिल्डिंग, महात्मा गाँधी मार्ग
इलाहाबाद-211 001
वेबसाइट : www.lokbhartiprakashan.com
ईमेल : info@lokbhartiprakashan.com
शाखाएँ : 1-बी, नेता जी सुभाष मार्ग, दरियागंज
नयी दिल्ली-110 002
अशोक राजपथ, साइन्स कॉलेज के सामने
पटना-800 006
36-ए, शेक्सपियर सरणी
कोलकाता-700 017

मूल्य : ₹ 300

प्रथम संस्करण : 2021

आस्था पेपर कन्वर्टर
प्रयागराज द्वारा मुद्रित

WAH RE GOVINDA WAH
by Dinesh Sahu

ISBN : 978-93-89742-62-6

क्रम

वाह रे गोविन्दा वाह

कथावस्तु

मनुष्य के लम्बे जीवन में भिन्नता न हो, तो एकरस जीवन नीरसता से भरकर मनोरोग की खाईं में दम तोड़ देगा। शायद इसीलिए कुदरत ने भी हमें अपनी प्रकृति में भिन्नता का विशेष उपहार दिया है। तरह-तरह के मौसम, भिन्न-भिन्न प्रकार की वनस्पतियाँ रिश्ते नाते रंग वगैरह-वगैरह... नौ रसों के स्थायी व संचारी भावों के सहारे ही मानव जीवन की यात्रा पूर्णता को प्राप्त होती है।

जिसमें भयानक हमें डराता है तो वीर साहस भरता देता है। रौद्र पतझड़ की तरह आता है तो श्रृंगार बसन्त बन छा जाता है। करुण रुलाता है तो हास्य हँसाता है।

कहते हैं हास्य रस की गठरी में सेहत का ख़ज़ाना है। जिसे फन का माहिर कलाकार भाव भंगिमाओं से कवि छन्दो के खेल से और लेखक शब्दों के मेल से लुटाता है।

*प्रस्तुत हास्य नाटिका 'वाह रे गोविन्दा **वाह**' में मैंने मर्द दिवस की कल्पना के सहारे इस ख़ज़ाने को **आप** तक पहुँचाने का प्रयास किया है।*

तो आइये मर्द दिवस का लुत्फ लेते हुए हम भी इस अनमोल ख़ज़ाने के हकदार बनें।

पात्र-परिचय

वीर सिंह	:	उच्च अधिकारी
कलावती	:	वीर की पत्नी
बन्दूक़ सिंह	:	उच्च अधिकारी
लीलावती	:	बन्दूक़ सिंह की पत्नी
गोविन्दा	:	नौकर
फैलू	:	पड़ोसी

मंच पर एक कमरे का दृश्य बायें कोने से आने का तथा दायें कोने से जाने का रास्ता है। बायें कोने की दीवार पर एक सुन्दर-सी तस्वीर लगी है। और दायें कोने पर एक खिड़की तथा उसके ऊपर घड़ी तथा बीचोबीच में दरवाज़ा है। जिस पर सुन्दर-सा रंगीन छींटदार परदा पड़ा है। ठीक दरवाज़े के ऊपर बीच में किसी भगवान् की तस्वीर लगी है। और उसके ऊपर फूल की माला चढ़ी हुई है। मंच के बीचोबीच एक बड़ा-सा सोफ़ा तथा सोफ़े के दोनों तरफ़ सिंगलवाला सोफ़ा लगा है। इन सभी पर सुन्दर-सा सोफ़ा कवर पड़ा है। इन सब के मध्य एक सेण्टर टेबिल है। इसके ऊपर गुलदस्ता है। और सिंगल सोफ़े के पीछे दोनों तरफ़ सजावटी वस्तुओं से सजाया गया है। मंच पर टहलते हुए मिसेज़ कलावती अपने सिर को पकड़े हुए ज़ोर-ज़ोर से चिल्ला रही है। जैसे कि आसमान सर पर उठा लिया हो।

कलावती : *(नाटक करती है)* अजी कहाँ हो...? सुनते क्यों नहीं... अरे भाग्यवान्... हाय... हाय... मेरा तो बुरा हाल होए जा रहा है... आते क्यों नहीं...?

वीर सिंह : आता हूँ... आता हूँ...।

कलावती : *(कान में वाकमैन लगा हुआ है। और डान्स करती रहती है और बीच-बीच में परदा उठाकर देखती है पुनः नाटक करती है।)* अजी आते क्यों नहीं... दर्द से मेरा सर फटा जा रहा है...। मैं पागल हो जाऊँगी।

वीर सिंह : *(अन्दर से बोलते हुए आते हैं)* किससे मारपीट कर लिया। जिससे तुम्हारा सर फट गया...।

कलावती : तुमको कुछ अच्छा दिखायी ही नहीं देता। बस मारपीट... *(अपने दोनों हाथों से वीर सिंह को पीटते हुए)* तुम तो... मुझे यूँ ही बदनाम करते रहते हो... आज तक मैंने तुम्हें छुआ। जो मैं तुम्हें पीटूँगी।

वीर सिंह : *(पिटते हुए)* अरे नहीं... नहीं... भाग्यवान्। तुमने कहाँ किसी को पीटा है *(पिटायी की पीड़ा के साथ)* आह...।

कलावती : *(डाँटते हुए)* अजी... कितनी बार कहा है कि मेडिकल ले लो!

वीर सिंह : मेडिकल...?

कलावती : हाँ... हाँ... मेडिकल।

वीर सिंह : मेडिकल...? पर क्यों। किसे अस्पताल ले जाना है?

कलावती : *(चिढ़कर)* तुम्हें ले जाना है... और किसे?

वीर सिंह : अरे भाग्यवान् कैसी बातें करती हो... आयँ...। मैं तो अच्छा भला-चंगा हूँ... मुझे क्या हुआ है...?

कलावती : मेरे दर्द का एहसास तुम्हें तो है नहीं...। कितनी बार कह चुकी हूँ... कि मेडिकल लेकर घर में बैठो। मगर तुम्हें सुनायी दे तब ना...।

वीर सिंह : मेडिकल...! वो किसलिये...?

कलावती : हाय... हाय कैसे मर्द हो। तुम्हारी बीवी पिछले पन्द्रह दिनों से सिर दर्द, बदन दर्द से मरी जा रही है... और तुम पूछते हो... कैसा मेडिकल...! आय... आय... मर जावाँ। *(मर जावाँ... मर जावाँ गानें की धुन पर ठुमकती है। पति द्वारा पूछने पर बात को बदलते हुए कहती है।)* दर्द... वे दर्द हो रहा है।

वीर सिंह : ओह...! दर्द... तुम्हारा और मेडिकल मैं लूँ...?

कलावती : पति-पत्नी जीवन के दो पहलू होते हैं। मेरी तबीयत ख़राब है। और आप हैं...

वीर सिंह : चलो... डॉक्टर को दिखा दूँ... या कहो तो... हाल बता कर दवा ला दूँ।

कलावती : नहीं... नहीं...। ऐसा करो... कि पहले हमारा सिर दबा दो ताकि कुछ आराम मिल जाये। *(पति कुछ सोचने लगता है)* अरे खड़े-खड़े क्या सोच रहे हो... चलो सिर दबाओ...।

वीर सिंह : *(लम्बी साँस खींचते हुए। पत्नी सेवा में जुट जाते हैं)* लाइये... श्रीमती जी आपका सिर दबा देता हूँ। *(किसी फ़िल्म का धुन बजता है।)*

(मिस्टर बन्दूक़ सिंह और मिसेज़ लीलावती का प्रवेश होता है।)

बन्दूक़ सिंह : *(डोर बेल बजाते हैं। फिर आवाज़ देते हुए अन्दर चले आते हैं।)* अरे कोई है...? मैं ख़ुद ही अन्दर चला आया। अरे... वीर सिंह जी... ये क्या हो रहा है।

लीलावती : *(नमस्ते करती है)* देखा... भाई साहब को... कितने अच्छे हैं... भाभी जी की सेवा कर रहे हैं... और एक तुम हो... जिसे अपनी पत्नी की चिन्ता ही नहीं रहती...।

वीर सिंह : आइये...आइये...बन्दूक़ सिंह जी। बैठिये...।

बन्दूक़ सिंह : अरे... यार आये हैं... तो बैठेंगे ही। मगर... ये बताओ। भाभी जी के साथ... ये क्या चक्कर चल रहा था...?

वीर सिंह : अरे यार...। आज छुट्टी का दिन है ना। बस वही अपना साप्ताहिक प्रोग्राम...पत्नी सेवा... ईश्वर सेवा... एक सफल मर्द होने के लिए एकमात्र नायाब नुख़्सा...।

बन्दूक़ सिंह : यार... क्या ख़ूब याद दिलाया। आज तो अन्तरराष्ट्रीय मर्द दिवस है।

वीर सिंह : अन्तरराष्ट्रीय मर्द दिवस...। अमाँ यार... ये कौन-सी बला है।

बन्दूक़ सिंह : तुमने वैलेण्टाइन डे... तो सुना ही होगा।

वीर सिंह : अरे... इसको कैसे भूल सकता हूँ। आज भी याद है... वो कॉलेज का ज़माना... वो पार्कों में घूमना... आ... हा... हा...।

कलावती : क्या कहा...?

वीर सिंह : अजी कुछ नहीं... कुछ नहीं।

बन्दूक़ सिंह : फिर तो इण्टरनेशनल फ्रेण्डशिप डे भी याद होगा।

वीर सिंह : हाँ... हाँ...। क्यों नहीं यार...।

कलावती : इस दिन को... मैं कैसे भूल सकती हूँ। मेरी सबसे अच्छी सहेली अंजू...।

वीर सिंह : बस...।

कलावती : और भी थी... जैसे... अनुराधा, कविता, सुनैना...

वीर सिंह : *(नाम सुनते ही आहें भरने लगता है)* आह... हा... हा...।

लीलावती : क्या भाई साहब... आप भी...?

कलावती : *(आँखें दिखाते हुए)* ये क्या कर रहे हो...?

वीर सिंह : कुछ नहीं... कुछ नहीं।

बन्दूक़ सिंह : भाभी जी... ये लड़कियों के पुराने आशिक रहे हैं।

वीर सिंह : वो सब हमारी फ्रेण्डस थीं...।

बन्दूक़ सिंह : क्यों... फ्रेण्डशिप डे पर ख़ूब गिफ़्ट मिलती थी। उसी तरह अन्तरराष्ट्रीय महिला दिवस भी सुना होगा।

वीर सिंह : अरे यार... सुना ही नहीं है *(पत्नी के ओर इशारा करते हुए)* बल्कि भाई झेला है।

कलावती : क्या कहा?

वीर सिंह : कुछ नहीं... कुछ नहीं।

कलावती : झेला है...?

वीर सिंह : अरे नहीं... भाग्यवान्। मैं तो तुम्हारी ताराफ़ कर रहा था।

कलावती : ठीक है ठीक...।

बन्दूक़ सिंह : हाँ... उसी तरह अन्तरराष्ट्रीय मर्द दिवस होता है।

सभी : मर्द दिवस...।

बन्दूक़ सिंह : हाँ...। मर्द दिवस।

वीर सिंह : ये मर्द दिवस... किस लिये मनाया जाता है?

बन्दूक़ सिंह : इन महिलाओं को यह बताने के लिए की अब पुरुष भी अबला नहीं रहे।

वीर सिंह : *(ख़ुश होकर)* अच्छा... वाह... क्या बात है।

बन्दूक़ सिंह : ये... औरतें अपने-आप को क्या समझती हैं। ये खाना नहीं बनायेगी। तो क्या घर में खाना नहीं बनेगा।

वीर सिंह : *(हामी भरते हुए)* हाँ... और क्या, ज़रूर बनेगा।

बन्दूक़ सिंह : झाड़ू नहीं लगायेगी... तो क्या झाड़ू नहीं लगेगा। बच्चे नहीं... *(कुछ कहना चाहता था और मुँह से कुछ और निकलनेवाला होता है।)* बच्चे नहीं खिलायेंगी तो क्या बच्चे को कोई ध्यान नहीं देगा।

वीर सिंह : *(पत्नी को आँख मारते हुए)* तो... ठीक है...। आज हम मर्द... इन औरतों को यह बता देंगे कि हम भी किसी से कम नहीं हैं... क्या समझे...?

कलावती : तो ठीक है... अभी बताती हूँ। *(बाहर से झाड़ू लेकर आती और झाड़ू वीर सिंह को देती हुई कहती है।)* ये लो... पकड़ो झाड़ू और अच्छी तरह से पूरे कमरे की सफ़ाई करना... कहीं कूड़ा नहीं होना चाहिये... समझे।

बन्दूक़ सिंह : ज़रा... मुझे बचाकर झाड़ू लगाना। क्योंकि मैं अपनी पत्नी की नज़रों में बहुत कूड़ा आदमी हूँ।

लीलावती : *(शेर की तरह दहाड़ती है)* क्या कहा...? *(शेर के दहाड़ने की आवाज़)*

बन्दूक़ सिंह : कुछ नहीं... *(दाँत निकालकर भीगी बिल्ली की तरह)* कुछ नहीं... कुछ नहीं।

लीलावती : *(आँख दिखाते हुए)* घर तो चलिये...।

कलावती : *(बहुत ख़ुश होकर)* अब लग जाइए। लग जाइए काम में... चलिये बहन जी... अब इन मर्दों को काम करने दीजिये। और हम लोग अन्दर चलकर टी.वी. के अच्छे-अच्छे प्रोग्राम देखते हैं।

लीलावती : सुनो जी। यदि आप लोगों को हेल्प चाहियेगा। तो अपने नौकर उजबकदीन को फ़ोन करके बुला लेना। *(दोनों अपने-अपने पतियों को द्रोणाचार्य की तरह आशीर्वाद देती हुई। हाय... हाय...बाय... बाय करती हुई चली जाती हैं।)*

वीर सिंह : महारानियाँ तो गयीं यार... बन्दूक़ सिंह ऐसा करते हैं... कि फ़ोन करके नौकर को बुला लेते हैं... तब तक बैठते हैं... कुछ काम की बात हो जाये...।

बन्दूक़ सिंह : हाँ... हाँ...।

वीर सिंह : (फ़ोन डायल करते हैं।) यार... नम्बर बताना तो...।

बन्दूक़ सिंह : किसका... ?

वीर सिंह : अबे तेरे घर का... और किसका... तेरे नौकर को बुला लेते हैं। तो सारा काम आसानी से हो जायेगा... क्यों...।

बन्दूक़ सिंह : हाँ... हाँ...2420420420...।

वीर सिंह : हाँ... घण्टी बज रही है। हलो... गोविन्दा... ऐसा है हम तुम्हारे साहब के दोस्त वीर सिंह बोल रहे हैं... तुम्हारे साहब यहीं हैं... तुम भी आ जाओ... समझे।

बन्दूक़ सिंह : क्या बोला...?

वीर सिंह : जी अच्छा...। सुनो... पता नोट कर लो। चन्दनबाली के गली में फ्लैट न.4 और बिल्डिग नम्बर 5 रूम नं. 9 पाँचवे माले पर और हाँ जल्दी आना... समझे।

बन्दूक़ सिंह : समझ गया है।

वीर सिंह : हाँ...।

बन्दूक़ सिंह : अच्छा बता... क्या... बोलना चाह रहा था।

वीर सिंह : यार... मैं कुछ दिनों से... इन्कम टैक्सवालों से बहुत परेशान हूँ... हर समय डर लगा रहता है कि कहीं आ न धमकें।

बन्दूक़ सिंह : अमाँ यार... कुछ ले देके रफ़ा-दफ़ा करो... समझे। नहीं तो मैं हूँ ना... देख लूँगा। समझे... चलो काम में लग जाते हैं।

वीर सिंह : हाँ... चलो अब कारगिल युद्ध की तैयारी करते हैं। *(युद्ध का बिगुल बजता है।)*

बन्दूक़ सिंह: मेरी बात तो सुनिये।

वीर सिंह : *(बात को अनसुनी करते हुए। झाड़ू को बन्दूक़ की तरह कन्धे पर रखकर मिलिट्रीवालों की तरह चलते हुए फ्लैग मार्च करते हैं वीर सिंह आगे-आगे चलते हैं और पीछे-पीछे बन्दूक़ सिंह चलते हैं और वीर सिंह कहते हैं)* हम दोनों मिलकर काम को आधा आधा बाँट लेते हैं।

बन्दूक़ सिंह : *(फ़्लैग मार्च चलता ही रहता है। जैसे ही कुछ कहना चाहते हैं)* अजी सुनो तो सही...।

वीर सिंह : *(फ़्लैग मार्च चलता ही रहता है। और कहते हैं।)* आटा मैं निकाल दूँगा। गूँध आप दीजियेगा।

वीर सिंह : बर्तन... मैं उठा दूँगा।

बन्दूक़ सिंह : क्या कहा...?

वीर सिंह : साफ़... आप कर दीजियेगा।

बन्दूक़ सिंह : अ... सुनिये।

वीर सिंह : सब्ज़ी... मैं निकाल दूँगा।

बन्दूक़ सिंह : अरे सुनिये तो...।

वीर सिंह : काट आप दीजियेगा।

बन्दूक़ सिंह : *(हकलाते हुए)* मैं... मैं...।

वीर सिंह : गैस... मैं जला दूँगा।

बन्दूक़ सिंह : सुनिये तो...।

वीर सिंह : ख़ाना... आप बना दीजियेगा। ठीक है ना।

बन्दूक़ सिंह : *(मायूसी के साथ)* हाँ... बिल्कुल ठीक... बिल्कुल अच्छी तरह समझ गया हूँ।

वीर सिंह : अरे ये क्या... आप तो बैठ गये। बन्दूक़ जी क्या इन्हीं कपड़ों को पहने-पहने काम करेंगे। घर में काम करने के लिए घरेलू ड्रेस होना चाहिये कि नहीं।

बन्दूक़ सिंह : हाँ ... हाँ...। क्यों नहीं।

वीर सिंह : वरना... ये कपड़े ख़राब हो जायेंगे। मैं अभी कपड़े लेकर आता हूँ। और कपड़े बदल कर अपने-अपने कामों में लग जाते हैं। ठीक है ना। मैं अभी आया।

(वीर सिंह कपड़ा लेने के लिए कमरे के अन्दर चले जाते हैं।)

बन्दूक़ सिंह : *(उदास बैठ कर मन-ही-मन सोचता)* रास्ता दिखाकर हम ख़ुद ही फँस गये।

वीर सिंह : *(वीर सिंह दो छींटदार बरबुडा, टी शर्ट, अंगोछा लेकर अन्दर से आते हैं।)* यार... ये लो अपने कपड़े और ये रहे मेरे कपड़े... चलो सोफ़े के पीछे ही बदल लेते हैं... क्यों...। *(ज़िगज़ैग लाइट में दोनों सोफ़े के पीछे खड़े होकर एक-दूसरे की तरफ़ पीठ कर कपड़े बदलते हैं। दोनों एक साथ मुड़ते हैं तो एक-दूसरे को देखकर कहते हैं)* यार... हम दोनों तो पक्के बावर्ची लग रहे हैं। *(दोनों हँसने लगते हैं। संगीत धमड़-धमड़ बजता है।)*

बन्दूक़ सिंह : अबे तूने तो मुझे आफ़िसर से इन कपड़ों में बावर्ची बना दिया।

वीर सिंह : चलो... चलें अपने युद्ध स्थल पर...।

(दोनों किचेन में चले जाते हैं।)

कलावती : *(दोनों की पत्नियाँ हँसते हुए प्रवेश करती हैं।)* अभी... कुछ देर तक टी.वी. पर कृषि प्रोग्राम आयेगा। उसके बाद फिर सीरियल आयेगा... तब तक हम लोग कॉफी पीते हैं।

आज तो मज़ा आ गया। क्या सीरियल है, "सास बहू के झगड़े" इसमें तुलसी का रोल... मुझे बहुत अच्छा लगता है।

लीलावती : अरे बहन जी... कुन्ती के चरित्र से इतना प्रभावित हो जाती हूँ... कि ऐसा लगता है... जैसे मैं ही हूँ... मैं इसके रोल में इतना खो जाती हूँ कि मुझे याद ही नहीं रहता।

कलावती : जैसे सीरियल में तुलसी अपने पति को अपने इशारे पर घुमाती है। वैसे ही... मैं भी इन्हें रखती हूँ।

लीलावती : ठीक... तुम्हारे जैसा ही मैं भी इनको अपने वश में रखती हूँ।

कलावती : मेरे पति इतनी अच्छी कॉफी बनाते हैं... कि पूछो मत... अभी पिलवाती हूँ... *(आवाज़ लगाती हैं)* अरे इतनी देर से क्या हो रहा है। अभी तक कॉफी क्यों नहीं आयी...?

वीर सिंह : *(अन्दर से)* आया... आया...। अभी कॉफी लेकर आता हूँ।

लीलावती : *(मिसेज़ कलावती से)* अरे बहन जी...। आप ने मेरे बन्दूक़ जी के हाथों की बनी हुई चाय अभी पी नहीं है... वो तो पीने के बाद पता चल जायेगा।

वीर सिंह : *(ट्रे में कॉफी लेकर आते हैं)* लो... गरमागरम कॉफी आप के सेवा में पेश है।

कलावती : मेरे वीर सिंह किसी से कम नहीं हैं। अरे वाह... क्या लाजवाब सब्जी बनाते हैं... वो सब्ज़ी बनाते हैं कि खानेवाला उँगली चाटता रह जाये।

लीलावती : अरे छोड़िये... मुझे कॉफी की तलब लगी है और आप बीच में... कहाँ बीच में सब्ज़ी ले आयी। हाँ... मैं तो क्या कह रही थी। *(याद करते हुए)* हाँ बन्दूक़ सिंह जी इतनी अच्छी चाय बनाते हैं... इतनी अच्छी चाय बनाते हैं...।

कलावती : कितनी अच्छी...? कोई तो सीमा होगी।

लीलावती : अरे हाँ... एक बार उन्होंने सीमा के ससुर को ऐसी चाय बनाकर पिलायी थी। बहन जी... वो दिन... और आज का दिन...। उनका सारा-का-सारा दु:ख दूर हो गया।

कलावती : दु:ख दूर हो गया...? चाय पीने से दु:ख दूर हो गया। वो कैसे।

लीलावती : वो ऐसे कि... इधर चाय सीमा के ससुर के गले के नीचे उतरी नहीं की... कि उनका दसियों (10) साल का पुराना असाध्य सिरदर्द रोग हमेशा... हमेशा के लिए दूर हो गया।

कलावती : अच्छा...। तभी तो... उस दिन से सीमा के ससुर अपना पेट पकड़कर चलने लगे।

लीलावती : क्या मतलब...?

कलावती : अरे... सिर का दर्द उतरकर कहीं-न-कहीं तो जायेगा ही—सिर दर्द ख़त्म, पेट दर्द शुरू। अब अगली बार सीमा के ससुर मिलने आयेंगे... तो उनको सलाह देना कि एक बार वीर सिंह जी के हाथ की बनी सब्ज़ी खा ले... तो पेट दर्द हमेशा... हमेशा के लिए दूर हो जायेगा।

लीलावती : *(मज़ाक करते हुए)* पेट से उतर कर टाँगों में आ जायेगा।

कलावती : *(दोनों कॉफी पीती हैं)* चलिये... सीरियल शुरू होनेवाला होगा।

लीलावती : हाँ... हाँ...। चलिये।

(कॉल बेल की घण्टी बजती है)

कलावती : देखिये कोई बुला रहा है। हम लोग सीरियल देखने जा रहे हैं। अच्छी-सी डिश तैयार करके...। हम लोगों को बुला लेना नहीं तो... हम लोग ख़ुद ही चले आयेंगे।

वीर सिंह : जी अच्छा...।

(वीर सिंह टेबिल पर से कप प्लेट को हटाते रहते हैं तभी पुन: घण्टी बजती है मन में ख़्याल आता है कहीं इनकम टैक्स वाला तो नहीं?)

(नौकर का प्रवेश)

(नौकर सूट, पैण्ट, टाई, हैट, चश्मा पहने हुए ब्रीफकेस लेकर आता है। जैसे कोई हीरो प्रवेश करता हो)

नौकर : *(बात पूरी कह नहीं पाता है।)* मैं इनकम टैक्स ऑफ़िस...

वीर सिंह : *(हड़बड़ा कर)* आ... इ... ये... आइये सर। बैठिये।

नौकर : *(कुछ समझ नहीं पाता है)* मैं... बैठू...?

वीर सिंह : हाँ... हाँ...। आप बैठिये... सर।

नौकर : सर...?

वीर सिंह : जी... सर...।

नौकर : नहीं... नहीं...। मैं नहीं बैठ सकता। ये... आप क्या कर रहे हैं।

वीर सिंह : *(चमचागिरी करते हुए)* अरे... सर, मैं कुछ भी तो नहीं कर रहा हूँ। सर... मुझे सेवा करने का मौक़ा दीजिये।

नौकर : मौक़ा...?

वीर सिंह : सर...। आप क्या लेंगे... ठण्डा, गरम या कुछ और...।

नौकर : मैं कुछ समझ नहीं पा रहा हूँ।

वीर सिंह : अरे सर...। इसमें समझना क्या... मैं अभी आपके लिए कॉफी लेकर आता हूँ। *(कॉफी लेने चला जाता है)*

नौकर : हे भगवान्...। ये क्या हो रहा है...!

वीर सिंह : *(ट्रे में कॉफी लेकर आते हैं।)* सर... कॉफी... कॉफी पीजिये सर। मैंने अपने हाथों से बनाया है...। पीजिये सर... पीजिये...।

नौकर : मैं... पियूँ...?

वीर सिंह : हाँ... हाँ... सर। *(बिस्कुट खाने को कहता है।)* बिस्कुट खाइये सर। खाइये... खाइये सर।

नौकर : लेकिन ...। ये सब क्यों... आप ये क्यों कर रहे हैं।

वीर सिंह : आपकी सेवा के लिए तैयार हूँ...।

नौकर : क्या मतलब...?

वीर सिंह : सर... । आप जब कहेंगे... तो मैं आप के सेवा में हमेशा हाज़िर हो रहूँगा। बस किसी तरह... आप अपने ऑफिस से मेरी इन्कम टैक्सवाली फ़ाइल ग़ायब करवा दें।

नौकर : फ़ाइल... ग़ायब...?

वीर सिंह : हाँ सर... फ़ाइल...। आप जो कहियेगा। मैं आपकी सेवा में तैयार रहूँगा। हज़ार, दो हज़ार...।

नौकर : अजी... मैं वो नहीं हूँ! जो आप समझ रहे हैं।

वीर सिंह : सर... मैं आप से पहले भी बात कर चुका हूँ। प्लीज़... मेरी मदद कीजिये।

नौकर : मदद... आप मुझे घूस दे रहे हैं।

वीर सिंह : ये घूस नहीं... ये तो सुविधा शुल्क है सर।

नौकर : *(भागने की कोशिश करता है)* अरे... आप समझते क्यों नहीं... मैं वो आदमी नहीं हूँ... मैं और घूस...?

वीर सिंह : पाँच हज़ार ले लीजिये।

नौकर : पाँच हज़ार...!

वीर सिंह : अच्छा... छह हज़ार...। प्लीज़ मेरा काम कर दीजिये।

नौकर : *(सोफ़े से उठकर भागने की कोशिश करता है। वीर सिंह बार-बार उसे बैठा देते हैं।)* छह हज़ार...?

वीर सिंह : अरे सर... मान भी जाइये। मुझे मुक्त कर दीजिये... इस परेशानी से...।

नौकर : ना... बाबा... ना। मैं नहीं लूँगा। मैं कहाँ फँस गया...।

(नौकर मौक़ा देखकर भागता है। वीर सिंह उसके पीछे-पीछे दौड़ते हैं। थक कर सोफ़े पर चारो कोना चित होकर गिर पड़ते हैं। एक अच्छा-सा गीत बजता है। गाने के

बोल "गोल माल है भाई... सब गोल माल है..." (गाना समाप्त होने के बाद बन्दूक़ सिं को आवाज़ देते हैं।)

वीर सिंह : *(आवाज़ देते हैं)* बन्दूक़ सिंह... ़रा जल्दी आना...।

बन्दूक़ सिंह : *(अन्दर से आवाज़ देता है)* आ रहा हूँ... कहिये क्या बात है...।

वीर सिंह : अरे बाप रे... बाप। जल्दी से पानी पिलाओ...।

बन्दूक़ सिंह : अभी पानी लाता हूँ...।

वीर सिंह : (हाँफता रहता है।) दौड़ते-दौड़ते जान निकल गयी...।

बन्दूक़ सिंह : (पानी लेकर आता है।) ये लेलो पानी...। ये सब कैसे हुआ...?

वीर सिंह : यार बन्दूक़ सिंह... अभी इन्कमटैक्सवाला आया था... मैं इन लोगों से परेशान हो गया हूँ। किसी तरह गया। बड़ी मुश्किल से जान बची है। *(तुरन्त घण्टी बजती है।)* लगता है... कि वह फिर वापस आ गया है। जैसे भी हो। इसे यहाँ से रफ़ा-दफ़ा करो।...भगाओ...मैं अन्दर जाता हूँ।

(वीर सिंह अन्दर चले जाते हैं। घण्टी बजती है।)

(फैलू का प्रवेश)

बन्दूक़ सिंह : *(घण्टी सुनकर)* आया... आया...।

फैलू : अमाँ... कोई है...?

बन्दूक़ सिंह : आया... आया...।

फैलू : आया... आया...। किस नौकरानी को बुला रहे थे। आयँ... तुम नहीं आ सकते थे... लाट साहब हो।

बन्दूक़ सिंह : अरे... अरे... कहाँ घुसे आ रहे हो।

फैलू : कहाँ घुसे आ रहे हैं...? तुम्हारा दिमाग़ ख़राब है। पीछे...पीछे हटो।

बन्दूक़ सिंह : तुम... पीछे... पीछे हटो।

फैलू : तू मुझे पीछे हटने के लिए कह रहा है... तू अपनी औकात भूल गया है... नौकरानी को बुला रहा था... अभी खबर लेता हूँ...। कहाँ है तेरा मालिक...।

बन्दूक़ सिंह : मालिक...?

फैलू : हाँ... हाँ...। तेरा मालिक...। बुलाओ उसे... अभी बात करता हूँ।

बन्दूक़ सिंह : मेरा मालिक...। मेरा मालिक तो ऊपर है। (भगवान् की ओर इशारा करके)

फैलू : अच्छा... तो तूने अपने मालिक को ऊपर पहुँचा दिया।

बन्दूक़ सिंह : कैसी बातें करते हैं।

फैलू : आज कल के नौकरों का दिमाग़... सातवें आसमान पर चढ़ गया है। बद्दिमाग़ बदतमीज़ कहीं का...।

बन्दूक़ सिंह : *(मन-ही-मन सोचता है)* लगता है, इन्कमटैक्सवाला है।... अरे आप नाराज़ क्यों होते हैं।

फैलू : नाराज़ न होऊँ... तो क्या तुम्हारी सेवा करूँ...?

बन्दूक़ सिंह : सेवा... तो मैं आप की करूँगा। बैठिये... बैठिये।

फैलू : अच्छा...। तो तू मेरी सेवा करेगा... मैं ख़ूब समझता हूँ... तुम्हारी इस सेवा को...।

बन्दूक़ सिंह : आप के लिए क्या लाऊँ...? चाय, कॉफी या...।

फैलू : मैं कुछ नहीं पियूँगा।

बन्दूक़ सिंह : नहीं...नहीं...। ऐसा कैसे हो सकता है... मैं अभी आप के लिए कॉफी लाता हूँ।

फैलू : मैंने कहा ना। मैं कॉफी नहीं पीता हूँ।

बन्दूक़ सिंह : अरे सर... कुछ तो ले लीजिये।

फैलू : ज़रूर लूँगा...।

बन्दूक़ सिंह : हुकुम कीजिये...। सर मैं पूरा करने की कोशिश करूँगा।

फैलू : मैं नौकरों के मुँह नहीं लगता।

बन्दूक़ सिंह : मैं नौकर नहीं हूँ।

फैलू : तू नौकर नहीं है।

बन्दूक़ सिंह : हाँ...। आप ने सही पहचाना। मैं नौकर नहीं हूँ।

फैलू : अच्छा तू नौकर नहीं है।... तो तेरा नौकर कहाँ है...?

बन्दूक़ सिंह : सर वो अभी नहीं आ सकते। इसीलिए तो मैं आप से कुछ कहना चाहता हूँ।

फैलू : क्या...?

बन्दूक़ सिंह : सर... एक छोटी सी विनती करनी थी।

फैलू : कहो...?

बन्दूक़ सिंह : सर... आप इन्कम टैक्सवाली फ़ाइल ग़ायब करा दीजिये। हम दोनों आपस में समझ लेंगे।

फैलू : क्या मतलब...?

बन्दूक़ सिंह : मतलब साफ़ है... मैं इनको सेट कर लूँगा। बस आप ये बताइये। आप क्या लेंगे।

फैलू : क्या लेंगे...। तुम्हारा दिमाग़ तो ख़राब नहीं है।

बन्दूक़ सिंह : सर... आप नाराज़ क्यों होते हैं।

फैलू : चल... बहुत होयी गयी... तेरी नौटंकी...मैं नौकर नहीं हूँ... कहाँ है... तेरा मालिक...? बुला अपने मालिक को... अभी तेरी ख़बर लेता हूँ।

बन्दूक़ सिंह : मालिक नहीं हैं। मैं उनका दोस्त...। (अपनी बात पूरी नहीं कह पाते हैं कि बीच में ही बात कट जाती है)

फैलू : दो... दो... क्या कह रहा है...मैं तुझे इस घर से निकलवा कर रहूँगा। तूने मुझे क्या समझ रखा है...?

बन्दूक़ सिंह : मेरी बात तो सुनिये...।

फैलू : आने दे... तेरे मालिक को... तेरी ऐसी खबर लूँगा कि याद करेगा... *(नाराज़ होकर चला जाता है।)*

बन्दूक़ सिंह : अरे सर...। सुनिये तो... सुनिये सर...।

(फैलू चला जाता है बन्दूक़ सिंह सोफ़े पर बैठते हैं वैसे ही वीर सिंह आते हैं।)

वीर सिंह : थैंक्यू... थैंक्यू यार...। तुमने तो वास्वत में मेरी बला टाल दी। जैसा नाम वैसा काम... वास्तव में तुम बन्दूक़ सिंह हो... तुम्हारी वाणी की गोली से भाग गया।

बन्दूक़ सिंह : ठीक है ठीक। जैसा नाम है वैसा काम भी करते हैं। आख़िर ये पर्सनाल्टी कब काम आयेगी।

वीर सिंह : वाह-भाई-वाह...! क्या शरीर है...। क्या पर्सनाल्टी है...! वाह... क्या बल्ले हैं!

बन्दूक़ सिंह : *(इतराकर)* दोनों वक्त एक्सरसाइज़ करता हूँ।

वीर सिंह : यार... इतनी अच्छी पर्सनाल्टी होते हुए। यदि मैं 20-25 सीढ़ी नीचे से पानी लाऊँगा। तो क्या आप को अच्छा लगेगा...?

बन्दूक़ सिंह : अरे... नहीं यार। तुम भी कैसी बातें करते हो। रहने दो। मैं पानी भर लाऊँगा।

वीर सिंह : नहीं यार...। मैं तो ऐसे ही कह रहा था।

बन्दूक़ सिंह : *(अपने दोनों बल्लों को देखते हुए)* आख़िर ये खाया-पिया शरीर कब काम आयेगा।

वीर सिंह : *(अन्दर से बाल्टी लेकर आता है।)* ये लीजिये बाल्टी...।

बन्दूक़ सिंह : वाह...क्या बाल्टी है। जैसे मेरा पहलवानीवाला मुग्दर।

वीर सिंह : बायें जाकर... सीढ़ी से नीचे चले जाना। वहाँ हैण्डपम्प लगा है।

बन्दूक़ सिंह : हैण्डपम्प...?

वीर सिंह : हाँ... हैण्डपम्प। क्योंकि नल में पानी नहीं आता है।

बन्दूक़ सिंह : अच्छा-अच्छा ठीक है। ये गया और वो आया।

वीर सिंह : तब तक मैं मसाला पीसता हूँ।

(बन्दूक़ सिंह के जाने के बाद वीर सिंह मग्न होकर अकेले ही फ़िल्मी गाने के बोल-थाने में बैठे हैं आन ड्यूटी... बजाये जाये हाय पाण्डे जी सीटी...। पर डान्स करते है। और बन्दूक़ सिंह के आने की आहट पाकर बैठ जाता है।)

बन्दूक़ सिंह : *(दोनों हाथों में एक-एक बाल्टी लेकर हाँफते काँपते हुए प्रवेश करते हैं)* अरे बाप रे... इतनी सीढ़ियाँ उतरते-चढ़ते मेरी तो जान ही निकल गयी।

वीर सिंह : *(सिर पर हाथ रखकर बैठे रहते हैं।)* बैठिये-बैठिये। कितनी मेहनत पड़ गयी। हाय... क्या बताये... इस कमबख़्त मिक्सी को आज ही ख़राब होना था।

बन्दूक़ सिंह : क्या ख़राब हो गयी।

वीर सिंह : जैसे ही मैंने मिक्सी का प्लग लगाया। मिक्सी चली और खुर से आवाज़ हुई और बन्द हो गयी। लगता है मिक्सी के अन्दर का तार जल गया।

बन्दूक़ सिंह : अच्छा...!

वीर सिंह : मसाला... तो ख़ूब महीन पीसते होगे। *(हाथों के बल्लों पर हाथ रखकर)* माशा अल्लाह... इतनी अच्छी पर्सनाल्टी है।

बन्दूक़ सिंह : मैं मसाला पीस लूँगा।

वीर सिंह : आप बहुत अच्छे हैं।

बन्दूक़ सिंह : अभी सिल पर महीन मसाला पीस देता हूँ।

वीर सिंह : क्या बतायें... मेरा नौकर अचानक छुट्टी लेकर गाँव चला गया। सारे बर्तन गन्दे पड़े हैं। उसे साफ़ भी करना है। और मुझे डॉक्टर ने पानी में काम करने को मना किया है। क्योंकि मुझे सर्दी हो गयी। *(छींकते हुए)* अच्छा तो नहीं लगता... आप से कुछ कहते हुए। लेकिन...।

बन्दूक़ सिंह : *(माथे का पसीना पोछते हुए)* समझ गया... समझ गया...।

वीर सिंह : आप... सब-कुछ तैयार कीजिये। मेरा प्रेशर बन रहा है। मैं फ्रेश होकर आता हूँ... और फिर मैं तुम्हारी पूरी मदद करता हूँ।

बन्दूक़ सिंह : जी... अच्छा। जाता हूँ भाई...। *(गर्दन हिलाते हुए अन्दर चले जाते हैं)*

वीर सिंह : *(बन्दूक़ सिंह के जाने के बाद ख़ुश होकर फ़िल्मी गीत गाते हुए डान्स करते रहते हैं। कि बाहर से आवाज़ आती है। वीर सिंह समझते हैं कि इन्कमटैक्सवाला आया है।)* अजी सुनती हो... अरे जल्दी आओ...।

कलावती : आ रही हूँ... आ रही हूँ...।

वीर सिंह : *(डरते हुए)* लगता है इन्कमटैक्सवाला है। इसको किसी तरह रफूचक्कर करो... बाद में देखा जायेगा। इसने तो परेशान कर दिया है। मैं आता हूँ।

(नौकर का प्रवेश)

(गाने के धुन के साथ प्रवेश "बीड़ी जलइले जिगर से पिया... जिगर में बड़ी आग है।)

नौकर : *(लगातार आँख मारते हुए)* क्या...? वीर सिंह जी... यहीं रहते हैं।

कलावती : जी... हाँ... । आइये... आइये...। बैठिये।

नौकर : क्या... वीर सिंह जी...?

कलावती : अरे बैठिये तो... मैं आप के लिए क्या सेवा करूँ...?

नौकर : क्या मतलब...?

कलावती : मैं आप की सेवा में सब-कुछ कर सकती...।

नौकर : अच्छा...!

कलावती : बोलिये क्या लेंगे...?

नौकर : *(आँख मारते हुए)* मैं कुछ नहीं लूँगा...।

कलावती : आप ... ये क्या कर रहे हैं।

नौकर : मैं तो कुछ नहीं कर रहा हूँ।

कलावती : कोई देख लेगा। तो लोग क्या कहेंगे।

नौकर : क्या कहेंगे...?

कलावती : अजी... आप समझते क्यों नहीं...?

नौकर : इसमें समझने की क्या बात है।

कलावती : आप कुछ लेंगे?

नौकर : आप देंगी... तो मैं ज़रूर लूँगा...।

कलावती : *(ब्लाउज से कुछ निकालने का अभिनय करती है।)* अभी देती हूँ।

नौकर : अरे... अरे ये क्या कर रही हैं।

कलावती : क्यों घबरा रहे हैं... मुझे देने में घबराहट नहीं होती। तो तुम्हें लेने में घबराहट क्यों होती है।

नौकर : नहीं... नहीं..., मैं नहीं लूँगा।

कलावती : कैसी बातें करते हैं। आप भी अजीब मर्द हैं...!

नौकर : मर्द...।

कलावती : मैं देने को तैयार हूँ... और आप हैं कि...।

नौकर : मैं चोरी कर सकता हूँ। लेकिन किसी का ले नहीं सकता हूँ...।

कलावती : चोरी तो कर ही रहे हैं—ले क्यों नहीं सकते... अजी... टेबिल के नीचे से ले लीजिये।

नौकर : टेबिल के नीचे...?

कलावती : अच्छा... चलो ऊपर से ही ले लीजिये...।

नौकर : ऊपर से... *(अचम्भित होकर)* नहीं... नहीं...।

कलावती : तो खुलेआम ले लो...।

नौकर : ये क्या कह रही हैं... मैं तो कुछ समझ ही नहीं पा रहा हूँ।

कलावती : *(अदाओं के साथ)* कैसी बात करते हैं... समझ नहीं पा रहे हैं।

नौकर : जो कहना है साफ़-साफ़ कहिये...।

कलावती : अच्छा, एक... से चलेगा...?

नौकर : *(आश्चर्य से)* एक से...!

कलावती : दो...।

नौकर : *(आश्चर्य से)* दो...!

कलावती : तीन चलेगा

नौकर : चलेगा...?

कलावती : चार...।

नौकर : चार...! हे भगवान्, ये क्या हो रहा है।

कलावती : पाँच ले लीजिये... इसके ऊपर मेरी सामर्थ्य नहीं है... अब इससे ज़्यादा रुपये नहीं दे सकती। किसी तरह आप इन्कमटैक्सवाली फ़ाइल ग़ायब करा दीजिये।

नौकर : क्या आप भी...। लगता है... मैं ग़लत जगह फंस गया हूँ। भागो... भागो...।

कलावती : अरे सुनिये... सुनिये तो...। ये तो अपने-आप ही भाग गया। (हँसती है) अजी सुनते हो...।

(आगे-आगे नौकर दौड़ता है। और पीछे-पीछे कलावती दौड़ती है। नौकर भाग जाता है। कलावती सोफ़े पर हँसते हुए बैठती है।)

वीर सिंह : *(प्रवेश करते हुए)* क्या हुआ भाग्यवान्... बहुत हँस रही हो।

कलावती : *(हँसते-हँसते)* ऐसा उल्टे पाँव भागा। जैसे चोर सिपाही का खेल हो रहा था।

वीर सिंह : अच्छा...!

कलावती : वो आगे-आगे, मैं पीछे-पीछे दौड़ रही थी...। *(दोनों हँसने लगते हैं।)*

वीर सिंह : चलो... पिण्ड तो छूटा। *(बोलते हुए अन्दर चले जाते हैं।)*

लीलावती : *(प्रवेश करते हुए)* बहन... मैं अन्दर तुम्हारा इन्तज़ार कर रही थी। सीरियल भी ख़त्म हो गया है। आप आयीं भी नहीं। तो मैंने सोचा चलें... देखें... क्या हो रहा है।

कलावती : अरी बहन... इन्कमटैक्सवाला था... बड़ी मुश्किल से पिण्ड छूटा।

लीलावती : मेरे घर पर भी इन्कमटैक्सवाले आये थे। इन्होंने... ले देकर मामला रफ़ा-दफ़ा कर लिया। अगर कोई दिक्क़त आयेगी...तो बताना। ये ठीक करा देंगे।

कलावती : ठीक है ठीक...।

लीलावती : कोई आवाज़ नहीं आ रही है...लगता है। कोई स्पेशल चीज़ तैयार हो रही है।

कलावती : *(आँख मारकर, दोनों हँसने लगती हैं)* मर्द दिवस...।

लीलावती : भाई साहब... जैसे ही किचेन में घुसे... वैसे ही मैं झट से समझ गयी... कि आज कुछ स्पेशल ज़रूर रहेगा।

कलावती : अजी सुनते हो... अगर कुछ खाने का सामान तैयार हो गया हो। तो ले आइये... पेट में चूहे बड़ी तेजी से कूद रहे हैं।

वीर सिंह : *(अन्दर से ही आवाज़ देते हैं)* आ रहा हूँ। बस एक मिनट *(ट्रे में कटोरी सजाकर लाते हैं और टेबिल पर रखते हैं)*

लीलावती : वा... ऊ... वाऊ... क्या खीर है... बहुत टेस्टी बनी है। मुझे बहुत पसन्द है।

कलावती : तभी तो... आप को ख़्याल में रखकर... आप के पसन्द की खीर बनायी है...।

वीर सिंह : मुझे भाई साहब ने ऑफ़िस में ही आप के पसन्द और न नपसन्द के बारे में बताया... सो मुझे याद था... इसलिए मैंने आप के पसन्द की डिश तैयार की है।

कलावती : अजी मेरी कहाँ है...?

वीर सिंह : मैं अभी लाया...।

लीलावती : देखा... आप के पसन्द की भी चीज़ तैयार है। वाह... क्या मर्द दिवस है... यह रोज़-रोज़ आये...।

(वीर सिंह जैसे ही जाने को होते हैं वैसे ही बन्दूक़ सिंह सेवईं लेकर आते हैं।)

बन्दूक़ सिंह : ये लीजिये भाभी जी...। आपकी पसन्द की लाजवाब सेवईं...। अरे दोस्त कहाँ जा रहे हो... आप बैठिये...मैं आप के लिए भी लेकर आता हूँ...।

वीर सिंह : देखा मेरे दोस्त के हाथ का कमाल... आप लोगों के साथ-साथ मेरा भी ख़्याल रखा।

बन्दूक़ सिंह : हाँ... हाँ क्यों नहीं, आपके लिए मैंने चाउमीन बनायी है... अभी लाता हूँ।

कलावती : मुझे भी बहुत अच्छी लगती है। मैं भी लूँगी...।

बन्दूक़ सिंह : *(अपनी पत्नी के ओर इशारा करते हुए)* आपके लिए भी लाता हूँ।

लीलावती : हाँ मेरे लिये भी लेते आना...।

बन्दूक़ सिंह : यार... वीर सिंह, थोड़ी मदद करो...।

वीर सिंह : हाँ... हाँ... । क्यों नहीं। थोड़ी मदद क्या पूरी मदद करता हूँ।

बन्दूक़ सिंह : *(व्यंग्य करते हुए)* हाँ... हाँ... बहुत मदद की है। 20 फीट सीढ़ी से नीचे जाना और फिर ऊपर पानी लाना... बहुत मदद की है...मसाला पीस... बहुत मदद किया... सब्ज़ी काटी... बहुत मदद किया... वो तो भगवान् ही जानता है...।

वीर सिंह : *(झेंपते हुए)* देखो... इतनी तारीफ़ अच्छी नहीं लगती...। बताओ क्या करना है...?

बन्दूक़ सिंह : हाँ... हाँ... चलो... चलो...।

वीर सिंह : भाभी जी एक बात बताता हूँ... भाई साहब की ये जो पर्सनाल्टी है वाह... क्या पर्सनाल्टी है...ग़ज़ब के बल्ले-शल्ले... देखो तो।

लीलावती : *(इतराती हुई)* वो तो है...ख़ूब रियाज़ करते हैं... मैं ख़ूब फल-फूल खिलाती हूँ।

वीर सिंह : *(बन्दूक़ सिंह से)* आप की इतनी अच्छी पर्सनाल्टी... और मैं आपकी मदद करूँ। ये शोभा नहीं देता...।

लीलावती : ठीक तो कह रहे भाई साहब...। जाइये... आप जाइये...।

(बन्दूक़ सिंह जाने लगते हैं तभी आवाज़ आती है।)

(फैलू सिंह का प्रवेश)

फैलू : अजी कोई है...।

वीर सिंह : अरे बन्दूक़ जी रुकिये... रुकिये...। लगता है फिर आ गया... प्लीज़... देख लीजिये।

बन्दूक़ सिंह : नहीं...नहीं... मैं नहीं देखूँगा। आप देख लीजिये...।

वीर सिंह : यार मेरी मदद कीजिये...। क्या पर्सनाल्टी है...।

बन्दूक़ सिंह : *(व्यंग्य करते हुए)* अजी क्या पर्सनाल्टी है...।

फैलू : *(बाहर से आवाज़ लगाते हैं)* अरे... भाई कहाँ हो...।

बन्दूक़ सिंह : बाज आये... तुम्हारे इन्कमटैक्सवाले से। भैया तुम्ही झेलो... मैं तो चला *(मटकते हुए)* क्या पर्सनाल्टी है।

वीर सिंह : *(बाहर की ओर आवाज़ देकर)* आ रहा हूँ।

फैलू : क्या बात है...? आने में इतनी देरी लगा दी।

वीर सिंह : बैठिये... बैठिये...।

फैलू : आये हैं...। तो बैठेंगे ही...।

वीर सिंह : आपको इनका परिचय करा दूँ। आप हमारे दोस्त की पत्नी हैं। आप के पति साहब... हमारे साथ काम करते हैं।

लीलावती : नमस्ते...।

फैलू : नमस्ते... नमस्ते...।

वीर सिंह : भाभी जी... ये हैं हमारे पड़ोसी ... फैलू जी...।

लीलावती : *(चौंकते हुए)* फैलू...।

कलावती : अरे बहन जी... बहुत तेज़ फैलते हैं...।

लीलावती : क्या मतलब...?

कलावती : बहुत जल्दी से नाराज़ हो जाते हैं...।

फैलू : अरे वाह... क्या बात है...! बहुत बढ़िया...बढ़िया खाने की चीज़ मेज़ पर सजी है क्या कोई स्पेशल...।

कलावती : हाँ भाई साहब... आज स्पेशल डे है। यानी मर्द दिवस...।

फैलू : मर्द दिवस... ये क्या होता है।

कलावती : इसमें औरतें आराम करती हैं और मर्द लोग अच्छी-अच्छी डिशेज़ बना-बना कर खिलाते हैं।

फैलू : तब तो ज़रूर मैं इन मर्दों के हाथ का बना खाना... खाना चाहूँगा। इस मर्द दिवस पर...।

वीर सिंह : हाँ... हाँ... । क्यों नहीं...। *(अन्दर की ओर आवाज़ लगाते हुए)* अरे भाई... एक और प्लेट बढ़ा लेना। मेरे पड़ोसी आये हैं।

बन्दूक़ सिंह : *(अन्दर से ही)* जी अच्छा...।

वीर सिंह : और जल्दी से ले आना। बहुत अच्छी ख़ुशबू आ रही है।

फैलू : यार वीर सिंह... आप ने किस पागल नौकर को रख लिया।

वीर सिंह : क्या हुआ...?

फैलू : बड़ा बददिमाग़ नौकर है... मुझसे कह रहा है। कहाँ घुसे चले आ रहे हो। क्या मैं अपने घर में नहीं आ सकता।

वीर सिंह : बात दरअसल ये है कि... वो मेरा नौकर...।

फैलू : देखो भाई साहब... नौकरों का पक्ष लेकर बात न कीजियेगा। इनको प्यार की भाषा समझ में नहीं आती। ये तो मैं था... जो बर्दाश्त कर गया...।

कलावती : भाई साहब... आप पूरी बात तो सुनिये...।

बन्दूक़ सिंह : *(ट्रे में डिश लेकर आते हैं)* मैं ले आया... गरमागरम डिशेज़...।

फैलू : वीर सिंह जी... इस नौकर को फ़ौरन यहाँ से निकालो। मैं आपको दूसरा नौकर दूँगा। जो आपकी भी इज़्ज़त करेगा और मेहमानों की भी...। निकालिये... भगाइये... इसे...।

बन्दूक़ सिंह : मैं नौकर नहीं हूँ।

फैलू : नौकर ...नहीं तो क्या।

बन्दूक़ सिंह : जरा... सलीके से बात कीजिये।

फैलू : नहीं करूँगा... तो क्या कर लोगे मेरा...।

(दोनों आपस में लड़ने लगते हैं। वीर सिंह दोनों को शान्त कराते हैं।)

वीर सिंह : आप लोग शान्त हो जाइये। शान्त हो जाइये... । मेरी बात सुनिये...।

फैलू : देख रहे हैं। इसकी बद्तमीज़ी...।

वीर सिंह : आप दोनों ही ग़लतफ़हमी के शिकार हुए हो... बात ये है कि भाई साहब ने बताया कि आज मर्द दिवस है। तो हम दोनों को मिलकर पकवान तैयार करना था। तो हम दोनों ने अपने-अपने ड्रेस बदल लिये... जिसकी वजह से कन्फ़्यूज़न पैदा हो गया...।

फैलू : अच्छा...!

वीर सिंह : इधर कुछ दिनों से इन्कमटैक्सवाले मेरे पीछे पड़े हुए हैं... आप के आने से पहले इकनमटैक्सवाला आया था... तो

मैंने अपना पिण्ड किसी तरह छुड़ा लिया... थोड़ी देर बाद फिर बेल बजी। तो मैं डर गया... मैंने सोचा कि कहीं वह फिर न आ गया हो...।

फैलू : अच्छा...!

वीर सिंह : उसके दुबारा आने के भय से...मैंने अपने दोस्त से मदद के लिए कहा... जब आप और भाई साहब आमने-सामने हुए तो... न पहचानने के कारण... आप इन्हें नौकर समझ बैठे और ये आप को इन्कमटैक्सवाला... ये रहा मर्द दिवस...

(सभी एक साथ हँसने लगते हैं।)

कलावती : ऐसे ही इनका नाम फैलू नहीं है... ये बहुतों से फैलते हैं... भाई साहब।

फैलू : अरे... भाभी आप भी...!

बन्दूक़ सिंह : खाइये... गरमागरम डिशेज़ ... *(जैसे ही खाने को होते हैं। वैसे ही बाहर से बेज बजने की आवाज़ आती है।)*

कलावती : लो... देखो अब कौन आ गया...।

फैलू : रुकिये... मैं देखता हूँ... होगा कोई इन्कम पिनकमवाला... मैं अभी ठीक किये देता हूँ।

वीर सिंह : नहीं... फैलू... नहीं। मैं देखता हूँ।

फैलू : मैं देखता हूँ

(नौकर का प्रवेश)

नौकर : *(बाहर से आवाज़ देता है)* कोई है...।

फैलू : मैं हूँ ना... दिखायी नहीं देता क्या...।

नौकर : *(अपने साहब बन्दूक़ सिंह को देखकर)* सर आप...।

बन्दूक़ सिंह : *(देखते ही बोल पड़ते हैं)* क्यों... अब आ रहा है... और इस ड्रेस में...।

वीर सिंह : ये क्या मामला है।

बन्दूक़ सिंह : ये मेरा नौकर गोविन्दा है....फ़ोन... तुझे कब किया गया था... और आ अभी रहा है। वो भी हीरो बनकर...।

सभी नौकर : नौकर...।

बन्दूक़ सिंह : रुक... अभी बताता हूँ। *(नौकर को मारने को दौड़ते हैं। नौकर आगे-आगे भागता है और पीछे-पीछे बन्दूक़ सिंह दौड़ते हैं)*

नौकर : *(दौड़ता रहता है)* अरे साहब... इसमें मेरी कोई ग़लती नहीं है...।

कलावती : *(नौकर के पीछे दौड़ने लगती है)* भाई साहब रुकिये... रुकिये। इसमें इसकी कोई ग़लती नहीं है।

वीर सिंह : भाई साहब रुकिये... रुकिये।

फैलू : अरे बन्दूक़ जी रुकिये तो सही...।

कलावती : *(ज़ोर से चिल्लाकर)* अरे रुकते क्यों नहीं... इसमें किसी की ग़लती नहीं है।

फैलू : अरे भाई साहब... आपका नौकर... अपने मालिक की बात न सुने... ऐसे नौकर को तुरन्त भगाइये... मैं आप को नौकर दूँगा...।

वीर सिंह : इसमें सब ग़लतफ़हमी का चक्कर है। आप के नौकर को मैंने इन्कमटैक्सवाला समझ लिया...।

बन्दूक़ सिंह : और मैंने आप के पड़ोसी को इन्कमटैक्सवाला समझ लिया था...।

कलावती : मैंने भी इसको *(नौकर)* इन्कमटैक्सवाला समझ बैठी थी। ये मेरे ऊपर डोरे डाल रहा था। आँख मार रहा था...।

बन्दूक़ सिंह : क्या...? डोरे डाल रहा था... आँख मार रहा था...?

नौकर : नहीं साहब...। मैं मेम साहब को आँखें नहीं मार रहा था। मेरे आँख में कीड़ा पड़ गया था। मैं उसे निकाल रहा था...।

बन्दूक़ सिंह : *(नौकर के हाथ अटैची देखकर कहते हैं)* इसमें क्या है...।

नौकर : साहब... इसमें मेरा ड्रेस है *(नौकर अटैची से ड्रेस निकालकर देखता है)*

सभी एक साथ कहते हैं : *(ड्रेस देखकर हँसते हैं)* वाह रे गोविन्दा वाह... ये रहा... मर्द दिवस का चक्कर...

सभी हँसते रहते हैं

(धीरे-धीरे परदा बन्द होता है।)

मैं इक़बाल

कथावस्तु

विश्व के मानचित्र पर गिर पड़ी स्याही की शीशी ने, वर्ड मैप की हर कण्ट्री को, रिस रिस कर स्याह कर दिया। यदि समय रहते तत्परता से, आतंकवाद रूपी स्याही की शीशी का ढक्कन बन्द कर दिया जाता।

सोख्ता रूपी हथियार से, स्याही के गीलेपन को सोख लिया जाता, तो मानचित्र के कई देशों का अस्तित्व बचा रहता। कमी हमारी है—दोषी कोई और क्यों? हम साक्षर बनते हैं तो पुश्तैनी मालिकाना हक़ छोड़कर नौकर बनने की होड़ में शामिल हो जाते हैं।

गाँव की प्राकृतिक सम्पदा को छोड़कर शहर की चकाचौंध में खो जाते हैं। चादर से बड़ा पैर फैलाने के फेर में, पूरी चादर को ही चार टुकड़ा कर बैठते हैं।

जाहे विधि राखे राम ताहे विधि रहिये का उपदेश तो देते हैं पर अनुपालन नहीं कर पाते।

आख़िर कहाँ है हमारा पौरुष? कहाँ है हमारा साहस और विवेक? हमारे रिश्ते-नाते, हमारी सन्तुष्टता बुद्धि ज्ञान हमारा कर्त्तव्य हमारा दायित्व हमारी ऊँची सोच जो अन्धविश्वास की खाई को पाट सके।

हम युवा ऊर्जा से लबरेज़ होकर भी इतने शिथिल क्यों हैं? कि कोई भी हमारा ग़लत इस्तेमाल कर लें। हमें हमारे मार्ग से डिगा दे। रहमों करम के चन्द नेवाले देकर।

जन्नत के सब्ज़बाग़ (शराब शबाब कबाब) दिखाकर इन्सानियत का ख़ून करा दे? हमें सुपुर्द-ए-बारूद कर दें।

इसलिए हमें ख़बरदार रहना होगा। मानसिक ब्लैक होल में, ख़ुद को समा जाने से रोकना होगा। तभी हम इन्सानी वजूद की हिफाज़त कर सकेंगे और अपने बिरादाने हिन्द से कह सकेंगे—मैं इक़बाल

नर्तन करती मेरी कलम रूपी तकली ने कई पहलुओं को छुआ फिर बुना इक-बालिया बयान "मैं इक़बाल"। जो सुबह का भूला शाम को घर आया—आतंकवाद के मन्सूबे पर पानी फेर कर। जिसका अंकुरण भ्रष्टाचार के दल-दल में होता है—रक्तबीज की तादाद और शक्ल में।

पात्र-परिचय

हरखू	:	लाजो का पति
लाजो	:	हरखू की पत्नी
इक़बाल	:	हरखू का बेटा
लाला	:	गाँव का साहूकार
मुंशी	:	लाला का मुंशी
ग्रामीण	:	गाँव का युवक
नन्कू	:	गाँव का युवक
डॉक्टर	:	गाँव का डॉक्टर
मौलाना	:	धार्मिक नेता
ज़कीर	:	नेता के सहयोगी
मन्सूर	:	नेता के सहयोगी
ज़ियाउल	:	नेता के सहयोगी
करीम	:	नेता के सहयोगी
अब्दुल	:	नेता के सहयोगी

(मंच का परदा खुलता है मंच के एक कोने में एक असहाय व्यक्ति बैठा हुआ दिखायी देता है बैक ग्राउण्ड से चीखने-चिल्लाने की आवाज़ आती है व्यक्ति इधर-उधर देखता है फिर शान्त होकर कुछ सोचता है और फिर बड़बड़ाने लगता है तभी अब्दुल का प्रवेश होता है वह कुछ दूर जाने के बाद पलटता है और करीब आकर कहता है।)

इक़बाल : नहीं...नहीं...नहीं... मेरे पास कुछ नहीं है...कुछ नहीं है मेरे पास मैं कुछ नहीं कर सकता...कुछ नहीं दे सकता...।

अब्दुल : *(प्रवेश)* क्या नहीं है तुम्हारे पास...क्या नहीं कर सकते...।

इक़बाल : *(ख़ामोशी से देखता है)*

अब्दुल : क्या बात है...बहुत परेशान लगते हो...।

इक़बाल : मैं...मैं...।

अब्दुल : बोलो...क्या कहना चाहते हो...। किसी ने तुम्हारे साथ कोई जुल्म या अत्याचार किया है...।

इक़बाल : *(रोते हुए)* हाँ...सब-कुछ तो छीन लिया...।

अब्दुल : *(प्रवेश)* कुछ खाओगे...लगता है कुछ खाये नहीं हो...ये लो...।

इक़बाल : *(खाना हाथ में लेता है और पागलों की तरह खाने लगता है)*

अब्दुल : घबराओ नहीं...हम हैं न तुम्हारे साथ...मैं तुम्हारी मदद करूँगा...।

इक़बाल : *(खाते हुए)* मदद...(हँसता है फिर खाने लगता है)

अब्दुल : तुम कह रहे थे...सब-कुछ छीन लिया...किसने छीन लिया...।

इक़बाल : *(अब्दुल की तरफ़ देखता है फिर खाने लगता है)*

अब्दुल : घबराओ नहीं...मैं हूँ... क्या कहना चाहते हो...।

इक़बाल : मेरा भी... गाँव में एक ख़ुशहाल परिवार था...माँ थी... बाप थे... और ... *(बोलते-बोलते रोने लगता है)*

(यहीं से कहानी फ्लैश बैक में शुरू होती है)

(अधेड़ उम्र का आदमी चारपाई पर बैठा पानी पी रहा है और उसकी पत्नी थाली में चावल बिन रही है।)

हरखू : का बताये... परेशानी पीछा छोड़ती नहीं...एक के बाद एक परेशानी लगी रहती है...।

लाजो : अब क्या हुआ...।

हरखू : अपनी ट्यूबवेल का मोटर ख़राब हो गया है...।

लाजो : अभी कुछ दिन पहले ही तो बनवाया था...। अब क्या होगा...।

हरखू : सोच रहा हूँ... अगर खेत में पानी नहीं लगा...तो फ़सल ख़राब हो जायेगी...।

लाजो : कुछ करो...पिछली बार ऐसा ही हुआ रहा...कितनी फ़सल ख़राब हो गयी रही...राम चन्दर को बुलवा लो... ठीक करवा लो...।

हरखू : महपाल भाई से कह कर सन्देश भेजवाया है... कि राम चन्दर आकर ट्यूबवेल बना दे और जो पैसा हो आकर ले ले...।

लाजो : तुम बहुत जल्दी परेशान हो जात हो...। अभी तक बेटा नहीं आवा...।

हरखू : आता ही होगा... लो आ गया... आओ... आओ... बेटा क्या बात है...।

(मायूस होकर बदहवास कपड़ों में इक़बाल का प्रवेश होता है)

इक़बाल : बाबू जी...बाबू जी... मैं थक गया हूँ...हार गया हूँ... टूट गया हूँ... जहाँ भी जाता हूँ... बस... असफलता-ही-असफलता है...क्या करूँ...।

हरखू : आख़िर हुआ क्या...।

इक़बाल : पिता जी...जहाँ भी नौकरी के लिए जाता हूँ...निराशा-ही-निराशा...।

हरखू : निराश नहीं होना चाहिये...क्योंकि कोशिश करनेवाले की कभी हार नहीं होती है...।

इक़बाल : बाबू जी...मुझे अपनी पढ़ायी-लिखायी और योग्यता पर कोई शक नहीं है...फिर भी...।

हरखू : फिर भी क्या... ।

इक़बाल : हार जाता हूँ...क्योंकि मुझ जैसे पढ़े लिखे योग्य लोगों के पास घूस देने के लिए पैसे नहीं हैं और न ही किसी मन्त्री या अधिकारी की सिफ़ारिश है...।

हरखू : दिल छोटा करने की कोई ज़रूरत नहीं है...।

इक़बाल : बाबू जी...मुझ जैसे पढ़े-लिखे लोग या तो रिक्शा चलाते हैं या फिर गारा मिट्टी ढोते हैं...।

हरखू : हार मान कर नहीं बैठना चाहिये...जीवन का दूसरा नाम संघर्ष है... मैं हूँ ना...मेरे रहते हुए तुझे निराश होने की कोई ज़रूरत नहीं है...बेटा...किसानी करता हूँ और शान से जीता हूँ...।

लाजो : बेटा इक़बाल... तोहार बाबू जी ने बहुत संघर्ष किया है...।

हरखू : चींटी को देखा है...दीवार पर चढ़ती है फिर गिरती

है...फिर चढ़ती है...फिर गिरती है...लेकिन हार नहीं मानती है...अपना इरादा नहीं बदलती...

इक़बाल : बाबू जी...मैं बार-बार इण्टरव्यू देता हूँ...लेकिन...।

लाजो : अरे नौकरी न सही...और बहुत-कुछ... वो कर लो...।

हरखू : बेटा... तू तो पढ़ा लिखा है...अपनी योग्यता को किसानी में लगा...।

इक़बाल : तो...मैं क्या किसानी करूँगा...।

हरखू : इसमें हर्ज़ क्या है...।

इक़बाल : इतनी पढ़ायी करने के बाद मैं किसानी करूँ...।

हरखू : अपनी योग्यता इस खेती-बाड़ी में लगा... हमारे लोगों ने जो विधि बतायी...हम लोग उसी तरह से काम करते आ रहे हैं...।

लाजो : पिता जी...ठीक कहत हैं...।

हरखू : अरे बेटा...नौकरी करके केवल इन्सान अपना और अपने परिवार का पेट भरता है... किसानी करके परिवार के साथ-देश और समाज का पेट भरेगा...गाँव के बच्चों को पढ़ाओ...जिससे हमारा गाँव भी शिक्षित हो सके...।

इक़बाल : ठीक है बाबू जी...मैं गाँव के बच्चों को पढ़ाने के साथ ही...अपनी पढ़ायी की योग्यता को अब इसी खेती किसानी पर लगाऊँगा...।

हरखू : क्या बात है बेटा...जब गाँव का हर बच्चा शिक्षित हो जायेगा...तो गाँव का विकास अपने-आप हो जायेगा... ज़मींदारों और साहूकारों के जुर्म से लोगों को मुक्ति मिलेगी...।

इक़बाल : बाबू जी...ऐसा ख़्याल मुझे पहले क्यों नहीं आया...।

हरखू : बेटा...जिसको देखो सब गाँव छोड़ शहर की ओर भाग

रहे हैं...जब अन्न नहीं होगा...तब शहर का क्या होगा...।

इक़बाल : सही कह रहे हैं...।

हरखू : बेटा...किसान तो मन का राजा होता है...जब मन चाहा काम किया और जब मन चाहा आराम किया...ठीक कह रहा हूँ ना...।

लाजो : खेती किसानी करना कौनो ख़राब थोड़े होत है...अलगू चाचा को जानत हो...।

इक़बाल : हाँ...क्यों नहीं...।

लाजो : उनके बेटवा किशून को...।

इक़बाल : किशून को कैसे भूल सकता हूँ...।

हरखू : कैसे भूल सकता हूँ...क्या मतलब...।

इक़बाल : जब हम दोनों कॉलेज में पढ़ रहे थे तो...वह अपनी पढ़ायी के साथ-साथ कॉलेज के ग़रीब बच्चों की फ़ीस और पढ़ायी में मदद करने के साथ ही सामाजिक संस्थाओं के साथ मिलकर दीन-दुखियों की सेवा करता था।

हरखू : अच्छा...।

इक़बाल : ये पढ़ायी-लिखायी के अलावा अपने सभ्य आचरण के कारण कॉलेज में जाना जाता था...।

लाजो : हाँ...हाँ...वही बिलाईपुर वाले...।

इक़बाल : अम्माँ...उसी के गाँव के रामधनी के यहाँ की घटना याद है...।

लाजो : का हुआ रहा...।

इक़बाल : अरे अम्माँ...रामधनी अपने छोटकी बिटिया का शादी रहीमपुर के सेठ राधेश्याम के बेटे गौरव से कर रहे थे...।

लाजो : अरे...उनकी बिटिया तो बहुत ही छोटी रही...।

हरखू : खेती बाड़ी होते हुए भी...ये शहर के चमक दमक के चक्कर में गाँव से शहर चला गया...और वहाँ काम करने लगा...सब-कुछ ठीक-ठाक चल रहा था...।

इक़बाल : फिर...।

हरखू : पता नहीं कैसे...उसे नशे और जुआ की लत लग गयी...।

लाजो : बहुत शराब पीता रहा...कभी भी अपने घरवाली और बच्चों को ध्यान नहीं दिया...।

हरखू : जब देखो...शराब पीकर अपने घरवाली को मारता-पीटता रहता था...।

लाजो : वह बीमार रहने लगी...।

हरखू : और एक दिन ऊ चल बसी...।

इक़बाल : उनका एक बड़ा बेटा था...।

हरखू : हाँ...रामधनी न तो अपनी पत्नी का इलाज कराया और न तो अपने बच्चों को कोई लायक़ बना पाया...।

लाजो : इसकी घरवाली कैन्सर से पीड़ित थी और ये नशे में घुत होकर इधर-उधर पड़ा रहता...और बड़ा बेटा कहीं मेहनत मजदूरी करता था...।

हरखू : बेटा जो कमाई करता...उस पैसे से माँ का इलाज करता और घर का ख़र्च चलाता था...।

इक़बाल : शहर जाकर क्या यही सीखे...।

हरखू : बीमारी से लड़ते-लड़ते एक दिन उसकी माँ चल बसी और पिता के अत्याचार से बेटा घर छोड़ कर चला गया...।

लाजो : उसकी छह या सात साल की एक बहुत सुन्दर बिटिया थी...।

इक़बाल : हाँ अम्माँ... रामधनी पैसे के चक्कर में अपनी बिटिया का बाल-विवाह राधेश्याम के मन्द बुद्धि बेटा से कर रहा था...।

लाजो : अच्छा...हमका इतनी जानकारी नय रही...।

इक़बाल : किशून ने ही...पुलिस के सहयोग से बाल-विवाह रुकवाया...राधेश्याम और उनके परिवार के लोगों को

हवालात भिजवा दिया...।

लाजो : बहुत सही किया...।

इक़बाल : और अम्माँ...उस बच्ची को क़ानूनी लिखा-पढ़ी करवा कर एक निरीह दम्पति को गोद दिलवा दिया...।

हरखू : सरकार ने बाल-विवाह पर रोक लगाकर न जाने कितने मासूम बच्चियों का जीवन बर्बाद होने से बचाया है...। बेटा अगर किशून जैसा सब लोग करें...तभी तो इस देश और समाज का भला हो सकता है...।

इक़बाल : बाबू जी...कॉलेज के समय मुलाक़ात हुई थी...उसके बाद दुबारा मुलाक़ात नहीं हुई...।

हरखू : अच्छा... वही अलगू चाचा का बेटा किशून...अब कृषि वैज्ञानिक बन गया...हमें पता चला था कि वह विदेश चला गया...।

इक़बाल : ओ...तभी हमारी दुबारा मुलाक़ात नहीं हुई...।

हरखू : पता नहीं क्या हुआ...सब-कुछ छोड़-छाड़ कर भारत वापस आ गया...।

इक़बाल : अच्छा...।

हरखू : हाँ...और अपने पिता जी के साथ मिलकर किसानी करने लगा...।

लाजो : तुम्हें कैसे पता चला हो...।

हरखू : एक दिन हम बाज़ार खाद लेने गये रहे...उसके दुकान पर टी.वी. चल रही थी...मैंने अलगू और उनके बेटे किशून को देखा...।

इक़बाल : अच्छा...फिर क्या हुआ बाबू जी...।

हरखू : अलगू का बेटा...बता रहा था कि वह पढ़ायी करने के बाद विदेश में कृषि से जुड़ी तकनीक वहाँ के किसानों को सिखाने लगा और वे लोग और अच्छी खेती करने लगे...।

इक़बाल : हाँ...वह तो कृषि की पढ़ायी कर ही रहा था...।

हरखू : जब ख़ूब अन्न उगने लगा...तो उसने सोचा कि क्यों न अपने देश के किसानों को अपनी तकनीक सिखाएँ और अच्छा अन्न उगायें... बस यही सोच कर वो भारत वापस आ गया...।

इक़बाल : बहुत अच्छा सोचा...।

हरखू : फिर अपने खेतों में अपनी तकनीक से खेती करने लगा और ख़ूब उपज होने लगी फिर वही विधि अपने लोगों को बताने लगा जिससे लोगों को लाभ होने लगा...ख़ूब अन्न उगने लगा...।

लाजो : एका चमत्कारै ही कहो...।

हरखू : बात धीरे-धीरे सरकार तक पहुँची...सरकार ने इनकी बात सुनी और समझी...और उनका सम्मान भी किया...सरकार ने कहा...अपने देश के किसानों को अपनी तकनीक बताओ...ताकि हमारे देश के किसान सीखें और अधिक-से -अधिक अन्न उगायें...तभी हमारा देश अन्न से भर जायेगा...और देश में कोई भूखा न रहेगा...।

इक़बाल : तो उन्होंने तकनीक बताया...।

हरखू : मैं टी.वी. पर बताये जा रहे विधि और तकनीक को गौर से सुना और समझा...और अपनाया...।

इक़बाल : ये हुई न बात...। इसे कहते हैं...समय के साथ चलना...।

हरखू : मैंने सारे तरीक़े अपनाये...और मैं आज अपने फ़सलों को देखकर बहुत सन्तुष्ट हूँ...इस बार मैं लाला का सारा क़र्ज़ वापस कर दूँगा...। इसने गाँव में आतंक मचा रखा है लोगों का जीवन नर्क बना दिया है...।

इक़बाल : ठीक है बाबू जी...अब देखता हूँ ना...कैसे अत्याचार करता है...।

हरखू : नहीं बेटा नहीं...इसके मुँह मत लगना...ये बहुत जालिम है कुछ भी कर सकता है...। गाँव के बच्चों को

शिक्षा दे...उन्हें योग्य बना...और अपने खेती में मन लगा...।

इक़बाल : गाँव के विकास के लिए बहुत-कुछ करना है...अब मेरा यही लक्ष्य रहेगा...और मैं आपके भी काम में हाथ बटाऊँगा...।

माँ : बहुत अच्छा सोचा है बच्चा...।

हरखू : जो लोगों की निःस्वार्थ सेवा करते हैं...भगवान् भी उसी का साथ देता है...।

इक़बाल : मैं आज से ही अपनी खेती का देखभाल करने चलूँगा...।

हरखू : ठीक है ठीक... चलो मेरे साथ और टी.वी. पर बताये गये आधुनिक तकनीक का कमाल देखो...।

इक़बाल : चलो बाबू जी...।

हरखू : लाजो...हम खेत पर जा रहे हैं...कोई आयेगा तो बता देना ...। चलो बेटा...। *(दोनों चले जाते हैं)*

(मुंशी का प्रवेश)

मुंशी : *(बाहर से आवाज़ देता है)* हरखू...अरे ओ हरखू...अरे कोई है...।

(हरखू की पत्नी जैसे आने को होती है...वैसे ही मुंशी लाला के साथ प्रवेश करता है)

मुंशी : अरे मैं तो ख़ुद ही अन्दर आ गया हूँ...क़सम बही खाता की...। आइये-आइये लाला जी...।

लाला : अरे...पूछो... हरखूवा कहाँ है...।

मुंशी : कहाँ है तोहार मरद...।

लाजो : नहीं है...।

मुंशी : कहाँ गये हैं...।

लाजो : खेते पर गये हैं...बेटवा के साथे...।

मुंशी : बेटवा के साथ...तो अकेली हो...अरे लाला आये हैं...अरे बैठाओ...सेवा सत्कार करो...।

लाजो : मुंशी...जहाँ अकेली कौनो को देखा...तोहरी नियत ख़राब होय जात है...।

मुंशी : ये क्या कह रही हो...जब-जब तोहरे सूखा पड़ा ओला पड़ा तो पैसा के ख़ातिर दोनों चले आवत हो...लाला जी तोहार मदद भी करत हैं...।

लाजो : हाँ...मुंशी जी...उ तो करत हो...।

मुंशी : लाला जी... हिसाब के लिए अपने करिन्दों से बुलवाते हैं तो...हिसाब करे काहे नहीं आवत...।

लाजो : अरे मुंशी जी का बताये...एक के बाद एक परेशानी आवत है कभी सूखा... कभी ओला...उबरे के नौबत नय आवत... तो का करे...।

लाला : तो कैसे हिसाब होई...।

लाजो : हमार घरवाला तोहार एक-एक पइसा का हिसाब कर देहिये...।

मुंशी : कइयो बार तो दोनों कह चुके हो...लेकिन कुछो नहीं करत हो...।

लाजो : नहीं...नहीं...ज़रूर करिहे...।

मुंशी : देखो लाजो रानी...अगर तू चाहे तो हिसाब होई सकत है...बस लाला के...।

लाजो : *(डाँटते हुए)* तुम जो कह रहे हो...हम ख़ूब समझते हैं...। भगवान् सब देख रहा है तुम लोगों के कुकर्मों को...कही के नहीं रहोगे...।

लाला : ऐ चुप कर...बहुत जुबान चलती है...।

लाजो : सुनो मुंशी...घरवाला तो है नहीं...जब रहेंगे तो आइयो...।

मुंशी : लाला जी...तोहरे घरवाला के हिसाब से चलेंगे...।

लाजो : खेते से आइये तो भेज देबय...।

मुंशी : लाला जी...चार बार अपने करिन्दों को भेजकर तोहरे आदमी को बुलवाये...तोहार आदमी नहीं पहुँचा...इसलिये लाला जी ख़ुद चल कर आये हैं...।

लाजो : कह तो दिया...आइये तो भेज देबय...।

लाला : बहुत बोलती है...मुंशी ...हरखूवा के हिसाब बताओ...और कहो कि इसका घरवाला हिसाब लेकर तुरन्त आवे...नहीं आवा तो ठीक न होई...।

मुंशी : (बही खाता देखकर बताता है) मूलधन 15 हज़ार और ब्याज 25 हज़ार कुल मिला कर 40 हज़ार हुआ...अगर रक़म नहीं पहुँची तो समझ लो... ज़मीन जायदाद खेत खलिहान सब से हाथ धोना पड़ेगा...।

लाजो : देखो मुंशी....फ़सल कटेय तक इन्तज़ार करो...हम सूद सहित पाई-पाई वापस कर देबय...।

मुंशी : बहुत इन्तज़ार हो चुका... तुम चाहो तो इन्तज़ार ख़त्म हो सकता है...।

लाजो : *(गुस्से से)* चले जाओ मुंशी...ठीक नहीं होगा...।

मुंशी : हाँ...हाँ...मैं तो जा ही रहा हूँ...लेकिन सूद सहित नहीं पहुँचा तो समझ लेना...सब-कुछ हाथ से धोना पड़ेगा...।

लाला : चलो मुंशी...बहुत पर निकल आया है...सबक सिखाना पड़ेगा। *(दोनों चले जाते हैं)*

(हरखू अपने खेत में अन्न से भरा फ़सल देखकर ख़ुशी के मारे नाचते-गाते हुए प्रवेश करता है)

गीत : *(बैक ग्राउण्ड में बजता है)* मेरे देश की धरती सोना उगले...उगले हीरे मोती...।

हरखू : *(अपनी पत्नी को पकड़कर ख़ुशी से नाचता है)* मेरे देश की धरती...।

लाजो : छोड़ो...छोड़ो...ये क्या हो गया...।

हरखू : लाजो...लाजो...पूछो मत...।

लाजो : पूछेंगे नहीं तो पता कैसे चलेगा...।

हरखू : भगवान ने मेरी सुन ली...।

लाजो : क्या सुन ली...सोना हाथ लग गवा का...।

हरखू : हाँ...सोना ही लगा है...।

लाजो : जल्दी से ले आओ...मैं हाथ की चूड़ी...गले का हार...कान की झुमकी बनवाऊँगी...।

हरखू : हाँ ...लाजो...इस बार अपने खेत में अन्न नहीं सोना उगा है सोना...।

लाजो : क्या मतलब...।

हरखू : इस बार अपने खेत में ऐसी पैदावार हुई है... सारा खेत अन्नों से भरा पड़ा है....फ़सल तैयार है बस कटाई करनी है...ज़रूर तुम्हारी इच्छा पूरी होगी...।

लाजो : ये सब कैसे हुआ...।

हरखू : जब कुछ अच्छा होनेवाला होता है तो भगवान् राह ज़रूर दिखाता है... लेकिन धरती पर अपने को भगवान् समझनेवालों से डर लगता है...अपने ताक़त और अहंकार में...वे दूसरे का विनाश कर देते हैं...।

लाजो : उ... कईसन ...।

हरखू : बहुत पहले की बात है...अपने गाँव में बुधई चाचा रहत रहे...जैसे अपने खेती लहलहा रही है वैसे ही उनकी खेती लहलहा रही थी...।

लाजो : अच्छा तो फिर...।

हरखू : न जाने कौन लोग थे...जिससे उनकी ख़ुशी देखी नहीं गयी... उनके खेतों में आग लगा दी और उनके पूरे परिवार

को गोलियों से छलनी कर दिया...पूरा-का-पूरा परिवार ख़त्म हो गया...।

लाजो : हे भगवान् काहे...! करत हैं... का मिला...अच्छा कौन किये होई...कुछू पता चला...।

हरखू : नहीं...पुलिसवाले ख़ूब चक्कर लगाते रहे...प्रेसवाले आते रहे...नेता आते रहे...ख़ूब बयानबाजी करते रहे...फिर सब ख़त्म...।

लाजो : कुछू नहीं हुआ...।

हरखू : क्योंकि भ्रष्टाचार इतना बढ़ गया है कि सच्चाई की कोई उम्मीद नहीं दिखती...मुझे लगता है कि...सभी मिले हैं...।

लाजो : सच कहत हो...।

हरखू : अपने गाँव के लाला का हिसाब सही नहीं लगता है...क्योंकि उसके यहाँ कुछ अनजान लोगों का आना-जाना लगा रहता है...।

लाजो : विशूनवा के घरवाली बतावत रही...लाला अपने गाँव के नौज़वान लड़कों को गाँव से बाहर भेजत है...कुछ समय बाद जब वापस आवत हैं...तो उनके हाव भाव-सब बदला-बदला नज़र आवत है...कुछ तो दाल में काला है...।

हरखू : हाँ...मैने भी सुना है...अक्सर कुछ अजीब तरह के लोग दिखते हैं...मुझे तो आतंकवादी जैसे लगते हैं...कुछ समय पहले देश के कई जगहों पर धमाका हुआ रहा ...उसी के बाद से इन लोगों का आना-जाना चालू है...।

लाजो : लाला आवा रहा...।

हरखू : लाला...ख़ुद आया था...।

लाजो : हाँ...।

हरखू : अरे बाप रे...इससे पहले भी उसने अपने करिन्दों को भेजा था...मैं नहीं गया...।

लाजो : क्यों नहीं गये...।

हरखू : कैसे जाता...उसको देने के लिए मेरे पास कुछ नहीं था...।

लाजो : कम-से-कम जाकर मिल लेते...।

हरखू : कैसे मिल लेता...बहुत ज़ालिम है...कभी सूखा पड़ता है तो कभी ओला पड़ता है...मैं तो क़र्ज़ में डूबा जा रहा था...मन करता था... आत्महत्या कर लूँ...।

लाजो : आत्महत्या करना कोई हल नय होत...जो लोग करत हैं ...उनका समझ में ई बात काहे नहीं आवत...कि उनके जाने के बाद उनके परिवार का का होत है... परिवार नर्क होइ जात है... नर्क ...।

हरखू : सही बात कह रही हो ... लेकिन ऐसी परिस्थिति हो जाती है कि कुछ समझ में नहीं आता ... मैं भी मानता हूँ कि आत्महत्या करना कोई हल नहीं है...किसानों को आत्महत्या नहीं करनी चाहिये ... इससे तो पूरा परिवार बिखर जाता है...लाजो अब मैं कभी ऐसा नहीं सोचूँगा... ।

लाजो : सच कहत हो ... ।

हरखू : हाँ सच ... । मैं लाला का पाई-पाई चुका दूँगा ... अच्छा ... अब कुछ पानी-वानी पिलाओ ... ।

लाजो : अभी लावत है... *(अन्दर चली जाती है)*

(ग्रामीण का प्रवेश)

ग्रामीण : हरखू चाचा...राम...राम... ।

हरखू : राम...राम बेटवा...आओ आओ ...।

ग्रामीण : चाचा ... गाँव में बहुत गरमागरमी है ... ।

हरखू : कहे की गरमागरमी ... ।

ग्रामीण : पहले जिला पंचायत का... अब प्रधानीवाला ...।

हरखू : (हँसते हुए) जेका चले भी नहीं आवत... वहू चुनाव लड़ रहा है...।

ग्रामीण : सच कहत हो चाचा...।

हरखू : इस बार प्रधानी चुनाव में अनपढ़, गँवार, ख़ूनी, क़ातिल... सब चुनाव लड़ रहे हैं...।

ग्रामीण : अरे कल्लूवा के लड़कवा भी चुनाव लड़ रहा है...पढ़ा लिखा तो है नहीं...काला अक्षर भैंस बराबर है...लाला ऐसे लड़कों को पाल रखा है...जो लाला के इशारे पर जितना भी ग़ैरक़ानूनी काम होता है...वो सब करते हैं...।

हरखू : हूँ...। लाला के पाप का घड़ा भर रहा है...। जोखू का बेटवा भी चुनाव में खड़ा रहा...पढ़ा-लिखा इन्सान था... क्या हुआ...याद है...।

ग्रामीण : याद है चाचा... लाला प्रधानी के चुनाव जीते के चक्कर में जोखू के बेटवा को यही कल्लूवा के बेटवा के मरवा डाले रहा और खेत खलिहान घर-बार सब जला डाला रहा...।

हरखू : सब याद है...।

ग्रामीण : बेचारा इस सदमें को बर्दाश्त नहीं कर सका और पागल हो गया...।

हरखू : जब ऐसे लोग चुनाव लड़ेंगे तो गाँव का क्या होगा।

ग्रामीण : अगर जीत भी गये...तो ऐसे लोग क्या कर पायेंगे...।

हरखू : इनको तो कुछ आता-जाता है नहीं... गाँव का विकास खाक करेंगे... सरकारी अधिकारी अपने तरीक़े से काम करवायेगा...।

ग्रामीण : बिल्कुल सही कह रहे हो चाचा...।

हरखू : अधिकारी ऐसे लोगों का ग़लत फ़ायदा उठाते हैं...सही-ग़लत तरीक़े से इनसे अगूँठा लगावा कर...अपनी जेबों का विकास करने में लगे रहते हैं...।

ग्रामीण : ऐसे लोगों का जीतना और न जीतना सब बराबर है...।

हरखू : जो लोग पढ़े लिखे होते हैं...वे इन सब पचड़े में नहीं

पड़ते हैं...और इस बार लाला अपने लड़के को ख़ुद चुनाव लड़वा रहा है...।

ग्रामीण : लाला का बेटवा बहुतय ज़ालिम है... अत्याचारी है...ये कुछ समय तक शहर में रहा... जब से आया है पूरे गाँव में ताण्डव मचा रखा है... सुना है इसका सम्बन्ध शहर के कई राजनीतिक पार्टियों व बाहूबलियों से है... इसीलिए उत्पात मचा रखा है... चाचा तोहरे से भी तो उलझा रहा ना...।

हरखू : हाँ...लाला का उधारी देना है... उसका बेटवा रास्ते में मिल गया... अरे हमरे जान के पीछे पड़ गवा रहा... हमार बहुत बुरा हाल कर दिये रहा... जान बचाना बहुत मुश्किल हो गया रहा... मुझे बर्बाद कर देने की धमकी दे रहा था...।

ग्रामीण : कुछ भी कर सकता है साला... बहुतय ज़ालिम है...।

हरखू : प्रधानी हो या जिला पंचायत हो या फिर कोई और चुनाव हो...आजकल पार्टियाँ और बाहुबली अपने-अपने प्रत्याशी को जिताने में लगे रहते हैं...।

ग्रामीण : ये लोग सारे पैंतरे अजमाते हैं...।

हरखू : जो लोग चुनाव जीत जाते हैं... बाद में उन्हीं लोगों से...वो लोग अपने इशारे पर काम करवाते हैं...।

ग्रामीण : ठीक कहत हो चाचा...।

हरखू : गाँव हो या शहर...इन्हीं छोट भइयों नेताओं से...ये पार्टियों के नेता दंगा कराते हैं... तोड़-फोड़ कराते हैं... किसी को उठवाना हो या फिर किसी को दुनिया से विदा करना हो... ये सब काम इन्हीं से करवाते हैं...। इनका कोई ईमान धरम थोड़े होत है...।

ग्रामीण : ये छोट भइये इसी में ख़ुश रहते हैं कि हमारा सम्बन्ध बड़े-बड़े नेताओं और बाहुबलियों से है...। मारे जाते हैं वो लोग जो सीधे-साधे होते हैं...लाला के लड़कवा पर इन

सब नेताओं और बाहुबलियों का हाथ है...इसीलिए जंगलराज़ मचा रखा है...।

हरखू : का करी भइया...जो होगा देखा जायेगा...और बताओ तोहार खेते में का उगा है...।

ग्रामीण : चना उगा है... उपज अच्छी नहीं हुई है...बहुत परेशान हैं... चाचा तोहार खेत में पैदावार बहुत अच्छी हुई है... का जादू किया...।

हरखू : अरे कोई जादू-वादू नहीं किया है...जब खाद लेने शहर गये रहे...तो टी.वी. पर खेती से सम्बन्धित बातें बता रहा था... उनकी बात सुनी और दुकानदार राम अवतार भइया ने जो सलाह दिया... मैं उनके बताये हुए तरीक़े को अपनाया... और अब तो तुम देख ही रहे हो...।

ग्रामीण : मैं भी राम अवतार भइया के दुकान जाकर अपने पैदावार के बारे में बताता हूँ... जैसी सलाह देंगे... मैं भी वही करूँगा...। अच्छा तो मैं चलता हूँ...।

(जैसे ही जाने को होता है वैसे ही नन्कू का प्रवेश होता है)

नन्कू : *(घबराया हुआ प्रवेश करता है)* अरे चाचा... अरे चाचा... ग़ज़ब हो गया...।

हरखू : घबराओ नहीं... घबराओ नहीं...।

ग्रामीण : का हुआ नन्कू भइया...।

नन्कू : कैसे बतायी...।

हरखू : गाँव में डकैत आ गये हैं... का... ।

नन्कू : कौन मुँह से बतायी...।

हरखू : घबराओ नहीं... सारा गाँव तुम्हारे साथ है... अरे ओ लाजो... जरा मेरी लाठी तो ले आओ... लाठी मार-मार कर अधमरा कर देंगे...।

लाजो : *(लाठी के साथ प्रवेश करती है)* क्या हुआ नन्कू भइया...।

नन्कू : अरे चाचा... कोई चोर डकैत नहीं...हम तो लाला के लोगों की कारस्तानी देखकर आ रहे हैं... उसब आपके बेटा इक़बाल के साथ मारपीट कर रहे हैं और तोहार खेत जला रहे हैं...।

हरखू, लाजो : *(दोनों घबराकर एक साथ बोलते हैं)* क्या कह रहे हो...

हरखू : नहीं... नहीं... ऐसा नहीं हो सकता... मैं बर्बाद हो जाऊँगा... हे भगवान्... तू किस बात की सज़ा दे रहा है...।

(दोनों ज़ोर-ज़ोर से रोने लगते हैं तभी उनका बेटा फटे चीथड़े कपड़ों में प्रवेश करता है)

इक़बाल : *(प्रवेश)* बाबू जी... बाबू जी...।

हरखू : *(रोते हुए)* अरे ये क्या हो गया... कैसे हो गया... बेटा तुम्हारा ये हाल किसने किया... बेटा हम तो बर्बाद हो गये... मेरे खेत में आग लगा दिया... बड़ी मेहनत की थी... इस बार फ़सल बहुत अच्छी हुई थी... सब का क़र्ज़ चुका देता... किसको हमारी ख़ुशी नहीं देखी गयी... हे भगवान्... खेत तो... किसान का बच्चा होता है... मैंने अपने बच्चे की तरह खेत का देखभाल किया था *(सीना पीट-पीट कर रोते हुए)* मैं कैसे जीऊँगा... मैं तो मर जाऊँगा... मेरे बेटे को भी इन दुश्मनों ने बहुत मारा है... मेरे खेत को जला दिया... इनका सर्वनाश हो जाये... सर्वनाश हो जाये... *(बेहोश होकर गिर पड़ा है पत्नी भी बेहाल होकर गिर पड़ती है।)*

इक़बाल : *(जोर से चिल्लाते हुए)* ये क्या हुआ बाबू जी...बाबू जी को क्या हो गया *(रोते हुए)* उठो... उठो बाबू जी... बाबू

जी... हे नन्कू भइया... बाबू जी को क्या हो गया... भइया गाँव के डॉक्टर साहब को बुलाओ... भइया।

नन्कू : हाँ... हाँ भइया अभी बुलाकर आते हैं...। *(चला जाता है)*

ग्रामीण : भइया धीरज रखो...।

इक़बाल : कैसे धीरज रखे... हे अम्माँ...।

लाजो : *(रोते हुए)* हम तो लुट गये... बर्बाद हो गये...अरे बेटा... तुम्हारे बाबू जी अपनी खेती से बहुत ख़ुश रहे...कहत रहे थे कि इस बार सबका क़र्ज़ चुका देंगे... बहुतय ख़ुश रहे... तोहरे बाबू जी को इतना ख़ुश कभी नहीं देखा रहा... हे भगवान्...।

(डॉक्टर का प्रवेश)

नन्कू : डॉक्टर साहब... चाचा को देखिये... क्या हो गया...।

डॉक्टर : आप लोग बगल हटिये...।

इक़बाल : *(रोते हुए)* देखिये... देखिये डॉक्टर साहब...।

डॉक्टर : *(हरखू का चेकअप करते हैं)* देखिये... अचानक कोई घटना हुई है... जिसका ये सदमा बर्दाश्त नहीं कर सके... और इनकी साँसे थम गयी...अब ये नहीं रहे... *(डॉक्टर साहब चले जाते हैं)*

लाजो : *(दहाड़ मारकर रोने लगती है)* नहीं... नहीं... ऐसा नय होय सकत... हम तोहरे बिना नय रह सकत... हाय राम... इतना बड़ा जुलूम... इन पापियों ने हमरे खेत को जला डाला... हमारे बेटवा के बहुतय मारे... हमारे आदमी को मार डाला... हे भगवान्... इन सब का नाश होय जाये...इन सब को सजा देव भगवान्... हम न जीबय... हम न जीबय... हम का करबय जी के...।

(धीरे-धीरे गला रूँध जाता है और लाजो मर जाती है बैक ग्राउण्ड से करुणा ध्वनि उभरती है। धीरे-धीरे लाइट आफ होती है और इसी बीच मंच खाली हो जाता है)

(अब कहानी फ्लैश बैक से वापस आती है शुरू में जो व्यक्ति कूड़े डिब्बे के पास बैठा हुआ था वही व्यक्ति पुन: उसी स्थान पर बैठा हुआ बातें करता है...।)

इक़बाल : *(गम्भीर होकर अब्दुल की ओर देखकर कहता है)* हाँ... यही थी मेरी पूरी कहानी... सब-कुछ तो छीन लिया... माँ-बाप... खेत-खलिहान, रोटी कपड़ा सब-कुछ छीन लिया... कुछ नहीं है... कुछ नहीं है मेरे पास... कुछ नहीं है मेरे पास... *(रोने लगता है)*

अब्दुल : सब-कुछ है तुम्हारे पास... मैं हूँ ना... हम तुम्हारी मदद करेंगे...तुम्हें सब-कुछ मिलेगा... चलो... चलो मेरे साथ...।

इक़बाल : सच कह रहे हो *(इक़बाल उठता है और अब्दुल के साथ चला जाता है)*

(धीरे-धीरे लाइट तेज़ होती है और इसी के साथ नमाज की आवाज़ भी उभरती है मंच के बीचोबीच मौलाना और बायें तथा दायें दोनों तरफ़ दो-दो व्यक्ति नमाज अदा करते हुए दिखते हैं नमाज़ ख़त्म होते ही)

मौलाना : या मोहम्मद रसूल अल्लाह... *(नमाज़ अदा कर बैठता है)* बरखुरदार ये बताये... हमारे नौज़वान बन्दों की तालीम कहाँ तक पहुँची...।

जकीर : हुजूर... सभी मज़हब और कौम के लिए मर मिटने को तैयार हैं उनकी तालीम में कोई कमी नहीं है... वे लोहे के चट्टान की तरह फौलादी हैं।

मन्सूर : हुजूर... ये आपके हुक्म को अल्लाह का हुक्म मानते हैं...।

मौलाना : बहोत ख़ूब... उन सभी के अन्दर... दूसरे मुल्कों के लिए... मन में नफ़रत का ऐसा ज़हर भर दो... उनको सिर्फ़ नफ़रत-ही-नफ़रत दिखे...।

ज़ियाउल : मैं इनके ज़ेहन में दूसरे कौम के लिए ऐसी आग लगा दूँगा कि शोला बनकर फूट पड़ेगा...।

करीम : मेरे आका... मैंने तो ऐसी चाल चली है जिसे कोई समझ ही नहीं सकता...।

ज़ियाउल : कैसी चाल...?

करीम : मैंने अपने वफादार बन्दों को दूसरे मुल्कों में भेज दिया है... जो वहाँ निकाह कर अपना घर बसा लेते हैं और वे हमारे लिये दीमक की तरह काम करते रहते हैं...।

मौलाना : हम भी ऐसा ही चाहते हैं...पूरी दुनिया में अपनी कौम की बादशाहत क़ायम हो जाये...।

ज़कीर : हम लोग ऐसे बेरोज़गार नौज़वानों व समाज से भटके हुए लोगों को सब्ज़बाग़ दिखा रहे हैं जो अपनी ज़िन्दगी से हार गये हैं या फिर कम समय में ज़िन्दगी के सारे ऐशो आराम पा लेना चाहते हैं...।

मौलाना : ऐसे लोग जो चाहते हैं... उनको वो सब परोसो... जो वो चाहते हैं... हुस्न, शराब, कबाब, धन दौलत, ऐशो आराम... बस हमारे हुक्म की तामील करते रहें...।

ज़ियाउल : आज दुनिया के कोने-कोने से बेरोज़गार नौज़वान और समाज से ठुकराये हुए लोग अपने-आप खिंचे चले आ रहे हैं...।

मौलाना : मैं दुनिया में आतंक का ऐसा साम्राज्य फैलाना चाहता हूँ... जहाँ सिर्फ़ और सिर्फ़ हमारी हुकूमत चले...।

सभी : *(सभी एक साथ कहते हैं)* ऐसा ही होगा... मेरे आका...।

अब्दुल : *(प्रवेश)* आदाब... मैं अपने साथ एक और बन्दे को लाया हूँ... ये समाज का सताया और ठुकराया हुआ बन्दा है... इसे अपने कौम में शामिल करना चाहता हूँ...।

मौलाना : हाँ... हाँ... ले आओ... तुमने समझ बूझ लिया है ना...।

अब्दुल : जी हाँ...।

मौलाना : ले आओ...।

अब्दुल : अभी लेकर आता हूँ... *(बाहर चला जाता है)*

मौलाना : हर मजबूर जवाँ मर्द के भीतर... अपने समाज के प्रति... अपने देश के प्रति नफ़रत भर दो...।

जकीर : ऐसा ही होगा... मेरे आका...।

मौलाना : इसे सुसाइड बॉम्बर बनाओ...।

अब्दुल : *(आवाज़ देता है)* आ जाऊँ...।

करीम : हाँ... हाँ... आ जाओ... आ जाओ...।

अब्दुल : *(सभी को झुककर आदाब करता है)* आप सभी को आदाब...।

मौलाना : *(बहुत शालीन भाव से)* आदाब... आओ शेरदिल जाँबाज़ आओ...।

अब्दुल : मैं रास्ते से गुज़र रहा था... जनाब के हालात देखा... तो दिल भर आया... समाज से सताये और हालात के मारे इस नौज़वान को मदद की दरकार है हुजूर...।

मौलाना : ये तो हमारा इन्सानी फ़र्ज़ है कि हम एक-दूसरे की मदद करें... आओ... आओ... मेरे क़रीब आओ... मेरे पास बैठो...।

अब्दुल : हम सब ख़ुदा के बन्दे हैं... यहाँ किसी तरह की कोई पाबन्दी नहीं है... काम हमारा इनाम तुम्हारा...।

मौलाना : जकीर, ज़ियाउल, करीम, मन्सूर और अब्दुल... ये अब हमारे अपने हैं... देखो इन्हें कोई तक़लीफ़ न होने पाये...।

जकीर : ज़ियाउल... अपने साथ ले जाओ... और सब तो मालूम ही है... वैसी तालीम दो... पुख़्ता बेबाक...।

ज़ियाउल : *(इक़बाल को लेकर चला जाता है)* आइये जनाब...।

मौलाना : इससे बड़ा धमाका करना है... दुनिया में तहलका मचाना है...।

जकीर : बहुत जोश ख़रोश के साथ काम करेगा... हुजूर का नाम करेगा...।

मौलाना : हम सारी दुनिया का अमन चैन छीन लेंगे... हम किसी भी देश की तरक्क़ी नहीं देख सकते... हम किसी को ख़ुशहाल नहीं देखते... हम मज़हब के नाम पर... धर्म के नाम पर... इन्सान को इन्सान से... देश को देश से लड़वाते रहेंगे... जब तक हमारा उद्देश्य पूरा नहीं हो जाता...। तब तक कोई देश ख़ुशहाल न रहे।

करीम : कोई भी देश तरक्क़ी न कर सके...।

मौलाना : सभी देश इसी में उलझे रहें... दूसरे मुल्कों की बर्बादी ही हमारी फतेह है... तभी हमारा मकसद पूरा होगा... तभी हमारी कौम की पूरी दुनिया में हूकूमत रहेगी...।

मन्सूर : ऐसा ही होगा

(मंच के एक कोने पर इक़बाल को लोगों के प्रति नफ़रत और देश के प्रति घृणा पैदा कर उसका माइण्ड वाश करते हैं)

ज़ियाउल : सुनो इक़बाल...वो दिन याद करो... जब तुम्हारे अम्मी-अब्बू और खेत खलिहान में आग लगाकर... इन समाज के लोगों ने तुम्हें दर-दर भटकने के लिए मोहताज कर दिया था... जिन्होंने तुम्हारे कौम के भाईयों को मार डाला और तुम्हारी बहन बेटियों को उठा ले गये... क्या तुम ऐसे लोगों से बदला नहीं लेना चाहते हो... कहर बनकर टूट पड़ो... क्यों कायरों की तरह जी रहे हो... बदला लो बदला... आग लगा दो... ऐसे समाज को...।

(लगातार एक्शन रिएक्शन चलता रहता है इक़बाल को इशारे से नफ़रत क्रोध और घृणा का पाठ पढ़ाते रहते हैं कुछ तस्वीरें व हिंसक वीडियो दिखाते हैं उसको बरगलाते हैं इतने में इक़बाल उत्तेजित हो जाता है और हाथ में लिये फोटो को हवा में उड़ा देता है...)

(जब इक़बाल को समझाते रहते हैं इसी बीच बैक ग्राउण्ड से आवाज़ आती रहती है)

"ऐसे ही लोग... समाज से सताये, बेबस, लाचार, ग़रीब, अनपढ़ और कमज़ोर लोगों को अपना शिकार बनाते हैं... ये क्यों नहीं समझते... ये भी किसी माँ का पुत्र होगा... किसी बहन का भाई होगा... किसी का पति होगा... ये लोग क्यों मौत के हवाले कर देते हैं...।"

इक़बाल : मुझसे बर्दाश्त नहीं हो रहा है... मुझे ले चलो... मैं इसको अंजाम देना चाहता हूँ... अंजाम देना चाहता हूँ... चलिये... अंजाम तक पहुँचना है चलो...। *(दोनों चले जाते हैं)*

(लाइट आफ होती है फिर पुनः लाइट आन होती है)

(मौलाना और उसके साथी आपस में गुफ्तगू करते रहते हैं तभी ज़ियाउल इक़बाल को लेकर आता है)

मौलाना : आओ... आओ... ख़ुदा के बन्दे...।

ज़ियाउल : आदाब...।

मौलाना : आदाब... आदाब... ज़ियाउल तुमने इक़बाल को सब-कुछ बता दिया।

ज़ियाउल : हाँ जनाब...।

इक़बाल : मुझे हुकूम दें... मैं अपने मिशन को कामयाब करने के लिए बेचैन हूँ...।

मौलाना : हाँ... नेक बन्दे... ज़रूर कामयाब होगे... क्योंकि अल्लाह अपने नेक बन्दो को जन्नत बख्शता है... जाओ अल्लाह तुम्हारी राह देख रहा है... तुम्हें जन्नत नसीब होगी... जाओ... ख़ुदा बन्दे... जाओ...। *(इक़बाल के जाने के बाद सभी ज़ोर-ज़ोर से हँसते हैं।)*

मौलाना : अपना मिशन कामयाब होगा... पूरी दुनिया में अपनी क़ौम की बादशाहत क़ायम हो जायेगी... हा... हा... हा *(सभी एक साथ हँसने लगते हैं)*

सभी : *(एक साथ बोलते हैं)* आमीन...।

(लाइट आफ होते ही मंच खाली हो जाता है। पुनः लाइट जलती है)

मेले का दृश्य... फ़िल्म पी के का गाना... "आयो रे आयो म्हारो रंगीला मेहमान" गाना गाते हुए नृत्य मण्डली अपने साथियों के साथ नाचते-गाते हुए प्रवेश करता है इसी के साथ लाउडस्पीकर पर अनाउन्समेण्ट होती रहती है, "मेले में आये हुए सभी लोगों का मेला कमेटी स्वागत व अभिनन्दन करती... ये मेला आप का है मेले में चलते-फिरते नज़र आयें..." के साथ ही चूड़ीवाले, खिलौनावाले, गुब्बारावाले के साथ सभी उम्र के लोग मेले में आते जाते रहते हैं और मेले का मज़ा लेते हैं ...पुलिस भी मेले में गश्त कर रही होती है इसी बीच मेले में एक सुसाइड बॉम्बर खिलौने बेचनेवाला बनकर प्रवेश करता है छोटे बच्चे इससे खिलौना ख़रीदने क़रीब आते हैं...।

इक़बाल : *(गाते हुए प्रवेश करता है।)* खेल-खिलौने लेकर आया हूँ...आया हूँ... बच्चो के मन भाया हूँ... देखो खेल-खिलौने लाया हूँ...।

बच्चा : अंकल... अंकल... ये खिलौना कितने का... मुझे ये खिलौना चाहिये...।

इक़बाल : ये लो... *(खिलौना बच्चे के हाथ में थमाता है... तभी सब लोग फ्रीज़ हो जाते हैं...जो जहाँ जैसे थे वैसे ही उसी मुद्रा में खड़े रहते हैं इक़बाल बच्चे को गौर से*

देखता रहता है उसकी अन्तरात्मा की आवाज़ बैक ग्राउण्ड से आती है) अरे ये तो मेरा ही बचपन है... मैं भी तो अपने माँ-बापू के साथ मेले में खिलौने ख़रीदने आया करता था... झूला झूलता था... मैं भी गुब्बारे ख़रीदता था... मैं ये क्या करने जा रहा हूँ... मैं कौन होता हूँ किसी को मारनेवाला... किसी की दुनिया उजाड़नेवाला... जैसे मेरे माँ बाप ने मुझे प्यार और दुलार से पाला था... वैसे ही तो इनके माँ बाप ने इन्हें पाला होगा... मैं ये क्या करने जा रहा हूँ...। नहीं...नहीं...। मैं नहीं करूँगा।

इक़बाल : *(पुनः अन्तरात्मा उसे झकझोरती है खिलौना बच्चे को दे देता है... सभी लोग फ्रीज़ से मुक्त होते हैं पुनः नाचने-गाने लगते हैं इक़बाल हँसने लगता है और फिर खिलौने बेचने लगता है)* हा... हा... हा...

खेल-खिलौने ले आया हूँ... बच्चो के मन भाया हूँ... खेल-खिलौने लाया हूँ...।

इक़बाल : *(पुनः अन्तरात्मा उसे झकझोरती है और फिर से सब लोग फ्रीज़ हो जाते हैं...जो जहाँ जैसे थे वैसे ही उसी मुद्रा में खड़े रहते हैं फिर से उसकी अन्तरात्मा की आवाज़ बैक ग्राउण्ड से आती है)* इक़बाल क्या सोच रहे हो... तुम जिस मकसद से यहाँ आये हो... उसे पूरा करो... भूल गये... जब समाज के दुश्मनों ने तुम्हारा सहारा तुम्हारे माँ बाप को तुमसे छीन लिया था... तुम्हारे जीवन में अँधेरा-ही-अँधेरा कर दिया था... बेकारी और लाचारी ने तुम्हें अपाहिज बना दिया था... बचपन से अब तक संघर्ष करते-करते तुम हार गये थे... गाँव में ज़मींदारों ने तुम्हें ग़ुलाम बना दिया था... बड़ा हुआ तो देश और समाज ने ग़ुलाम बना दिया था... अपनी ज़िन्दगी के तंगहाली से परेशान हो गया था... तो तुम्हें जिन लोगों ने मदद की... तुम्हें सहारा दिया... तुम उन्हें

भूल गये... अपने अन्जाम को पूरा करो... अल्लाह को क्या जवाब दोगे... अल्लाह तुम्हारे इस नेक काम का इन्तज़ार कर रहा है... जाओ... जाओ... अपने मकसद के अंजाम को...अंजाम दो...।

इक़बाल : *(पुन: अन्तरात्मा उसे झकझोरती है... तभी सभी लोग फ्रीज़ से मुक्त होते हैं पुन: नाचने-गाने लगते हैं) नहीं... नहीं... नहीं... मै ऐसा नहीं करूँगा... मैं नफ़रत का बीज नहीं बोऊँगा... मैं अपने-आप को क़ानून के हवाले कर दूँगा... मैं किसी इन्सान और देश को आतंक के मुँह में नहीं झोकूँगा (पुलिसवाले को देखकर)* साहब... साहब... मैं अपने-आप को क़ानून के हवाले करना चाहता हूँ. मैं सुसाइड बॉम्बर हूँ...।

पुलिसवाले : क्या... *(सभी लोग पीछे हटते हैं)*

इक़बाल : सर डरिये नहीं... मैं कुछ नहीं करूँगा... मैं राह से भटक गया था... मेरी आत्मा ने मुझे झकझोर दिया है... मैं कोई विस्फोट नहीं करूँगा... मैं कोई दहशत नहीं फैलाऊँगा... मुझे क़ानून के हवाले कर दो... मैं अपना जुर्म कबूल करना चाहता हूँ...।

पुलिसवाले : *(इक़बाल को अपने साथ ले जाने लगते हैं... तभी फिर से सब लोग फ्रीज हो जाते हैं और बैक ग्राउण्ड से आवाज़ उभरती है)*

जज : *(बैक ग्राउण्ड से आवाज़ आती है)* ऑर्डर-ऑर्डर...कोर्ट आपको अपना पक्ष रखने का मौक़ा देता है... अपने बचाव में जो कहना चाहते हो कहो...

इक़बाल : *(बैक ग्राउण्ड से आवाज़ आती है)* जज साहब... मैं इक़बाल अपने बचाव में कुछ नहीं कहना चाहता हूँ... क्योंकि समाज के ठेकेदारों द्वारा हमारे माँ-बाप पर इतना अत्याचार शोषण किया कि वे दुनिया छोड़कर चले गये... हमारे खेत खलिहान में आग लगा

देने के कारण मैं विक्षिप्त जैसा हो गया था... मैं प्रतिशोध में जलने लगा... देश दुनिया के दुश्मनों ने मुझमें इन्सानों और दुनिया के प्रति नफ़रत का ज़हर भर दिया... मुझे मानव बम बना कर दुनिया में तबाही करने के लिए भेज दिया... मेरी अन्तरात्मा ने मुझे झकझोर कर रख दिया...मैं किसके प्रति ज़हर उगलने जा रहा हूँ... इन्सान के प्रति... देश के प्रति... समाज के प्रति... जब मैं बना नहीं सकता... तो बिगाड़नेवाला कौन होता हूँ... जज साहब... मैं जिस देश के अमन चैन और ख़ुशहाली को दाँव पर लगाकर ज़ुल्म करने जा रहा था उस जुल्म को कबूल करता हूँ... मुझे जैसे लोग अपने स्वार्थ और लालच के चक्कर में अपनी राह से भटक जाते हैं और ऐसे लोगों को जीने का कोई हक़ नहीं है... जज साहब... मुझे सज़ा दीजिये... सज़ा दीजिये... कड़ी-से-कड़ी सज़ा...।

जज : *(बैक ग्राउण्ड से आवाज़ आती है)* सारी दलील सुनने के बाद... अदालत इस नतीजे पर पहुँचती है कि... मुल्ज़िम द्वारा देश समाज और इन्सानियत के हित में लिये गये फ़ैसले से देश और राष्ट्र का विनाश होने से बचाया है...इसलिए अदालत मुल्जिम को अपना गुनाह कबूल करने के कारण... दुबारा जीवन सँवारने का मौक़ा देती है... और सरकार को आदेश देती है कि ऐसे लोगों के जीवन को सँवारने के लिए पूरी मदद करें... ताकि जो लोग भटक गये हैं वो भी इससे सबक लेकर उन्हें भी जीवन जीने का दुबारा मौक़ा मिले...।

(एक अच्छी ध्वनि के साथ परदा धीरे-धीरे बन्द होता है)

मारो-मारो पागल है

कथावस्तु

मारो–मारो पागल है। लेकिन किसे? क्या उस व्यक्ति को, जो इन्सानियत पर हो रहे अत्याचारों का खुलासा करता है? पुलिस की बर्बरता को उजागर करता है? सामाजिक कुरीतियों पर कुठाराघात करता है? डॉक्टर्स के अमानवीय कृत्यों को जनता के सामने लाता है? ग़रीबी से त्रस्त, बेरोज़गारी से ग्रसित आम नागरिकों की दीनता पर प्रशासनिक कुठाराघात का पर्दाफाश करता है? या फिर, देश के कर्णधार बने नेताओं की असलियत को बयान करता है।

यदि ऐसा व्यक्ति ही पागल है तो देश की एक बड़ी आबादी को शर्मसार होकर यह सोचना पड़ेगा, कि पागलों की इस लम्बी सूची में, कहीं उनका नाम भी अंकित होगा। शायद इस नाटक में यही मेरी अन्तरात्मा की आवाज़ है।

पात्र-परिचय

1. इन्स्पेक्टर
2. नेता
3. डॉक्टर
4. पागल
5. बूढी औरत
6. व्यक्ति
7. लम्पटिया
8. नाटे भाई
9. बिहारी
10. बॉस
11. ग्रामीण दर्शक
12. पहला आदमी
13. दूसरा आदमी
14. तीसरा आदमी
15. चौथा आदमी
16. पाँचवाँ आदमी
17. वार्ड ब्वाय
18. पहला कॉस्टेबिल
19. दूसरा कॉस्टेबिल
20. तीसरा कॉस्टेबिल

(धीरे-धीरे परदा खुलता है। कोरस के साथ आवाज़ उभरती है "मारो-मारो पागल है..." ज़िगज़ैग लाइट के बीच एक पागल भागता हुआ दिखायी पड़ता है। उसके पीछे-पीछे पुलिस, नेता, वकील, डॉक्टर व अन्य लोग पागल को मारने के लिए दौड़ाते हुए विग से बाहर निकल जाते हैं। ज़िगज़ैग बन्द होते ही नार्मल लाइट जलती है। मंच पर विग के एक तरफ़ से पुलिस का प्रवेश तथा दूसरे विग से एक गुण्डा का प्रवेश होता है।)

पुलिस : क्यों बे... कहाँ से आ रहा है... इतनी रात में...।

गुण्डा : रात...।

पुलिस : अबे... रात नहीं तो क्या दिन समझ में आ रहा हैं... क्यों बे कहाँ से चोरी करके आ रहा हैं।

गुण्डा : चोरी... अरे साहब हम लोग चोरी-वोरी नहीं करते हैं... हम लोग नम्बर एक का काम करते हैं... नम्बर एक का।

पुलिस : चोरी... डकैती करता है और कहता है कि नम्बर एक का काम करता हूँ... ले चलो थाने साले को... अभी पता चल जायेगा... तेरा नम्बर एक... पकड़ो साले को...।

गुण्डा : ऐ साहब... हाथ नहीं लगाने का... वरना बहुत बुरा हो जायेगा...।

पुलिस : बुरा हो जायेगा... मारो साले को... पुलिसवाले को धमकी देता है।

गुण्डा : मारने का नहीं... मारने का नहीं साहब... मैंने आप से पहले कह दिया था... अगर भाई को मालूम हो गया... तो वर्दी उतर जायेगी।

पुलिस : वर्दी... वर्दी की बात करता है... वर्दी उतरवाने की धमक देता है। बोल... बोल कौन है तेरा भाई...।

गुण्डा : वही भाई... वही जग्गा भाई...।

पुलिस : जग्गा भाई... कौन जग्गा...।

गुण्डा : अरे... अपने मन्त्री जी...।

पुलिस : पहले क्यों नहीं बोला... कि मन्त्री जी का आदमी है...

गुण्डा : अरे साहब... आप ने पूछा ही नहीं।

पुलिस : अच्छा चल... भाग यहाँ से... दुबारा यहाँ मत दिखाय देना... समझे। चलो यहाँ से...।

(झुँझलाकर गुण्डे को जाने के लिए कहते हैं और स्वयं भ मंच से बाहर निकल जाते हैं। गुण्डा पुलिसवालों को जा हुए देखता है फिर सीटी बजाते हुए निकलता है।)

गुण्डा : *(अपने-आप से बात करता है।)* मूड ख़राब कर दिया. *(सीटी बजाते हुए चला जाता है।)*

(व्यक्ति का प्रवेश)

पुलिस : *(व्यक्ति को धक्का देते हुए लाते हैं।)* क्यों बे... चोरी क रहा था...।

व्यक्ति : नहीं साहब... मैं चोरी नहीं कर रहा था...।

पुलिस : *(ऊँची आवाज़ में)* झूठ बोलता है।

व्यक्ति : कसम से सर... मैं झूठ नहीं बोलता हूँ।

पुलिस : हाँ...। तू तो हरिश्चन्द्र है ना...।

व्यक्ति : मैं कैसे यक़ीन कराऊँ सर...।

पुलिस : साले... नौटंकी करता है... इतनी मार मारूँगा... कि हो सही हो जायेगा... बोल... क्या कर रहा था...।

व्यक्ति : सच तो कह रहा हूँ... मैं तो कुछ नहीं कर रहा था... तो अपने बीमार भाई को लेकर परेशान था...।

पुलिस : अच्छा...।

व्यक्ति : हाँ... सर... इस समाज में ग़रीबों के लिए कोई जगह नहीं है... जब मैं अपने भाई की बातें याद करता हूँ... तो परेशान हो जाता हूँ...।

पुलिस : अच्छा... तो तू परेशान हो जाता है...।

व्यक्ति : हाँ... सर। मेरा एक ही तो भाई है... वो भी कैन्सर से पीड़ित है... उसके तक़लीफ़ को देखकर मैं बहुत परेशान हो जाता हूँ... और वो भी अपने बेरोज़गार भाई की परेशानियों को देखकर कहता है... भइया अब मैं जीना नहीं चाहता हूँ... मेरे मर जाने के बाद तुम्हारा बोझ कम हो जायेगा ना...।

पुलिस : *(व्यंग्यत्मक)* अच्छा...।

व्यक्ति : और डॉक्टर राय ने साफ़-साफ़ कह दिया है... कि जब तक पिछला हिसाब नहीं चुकाओगे... मैं दवा नहीं दूँगा।

पुलिस : हूँ...।

व्यक्ति : डॉक्टर... डॉक्टर तो कसाई हो गया है... कसाई, सिर्फ़ उसे पैसा दिखता है पैसा... इन्सान की कोई क़ीमत नहीं है। धन के अभाव के कारण मेरा भाई नहीं बचेगा...।

पुलिस : *(चिल्लाकर)* चुप... चल सच-सच बता... किसकी पाकेट मारी है।

व्यक्ति : सच कहता हूँ सर... मैंने किसी की पाकेट नहीं मारी है... मैंने कुछ नहीं किया है।

पुलिस : पुलिसवाले से झूठ बोलता है... चोरी, डकैती, राहज़नी करता है... और कहता है... कि मैं कुछ नहीं करता हूँ।

व्यक्ति : मैंने कोई चोरी नहीं की है... मैंने कोई डकैती नहीं की है।

पुलिस : साला... पुलिसवाले से ज़ुबान लड़ाता है। डकैती के जुर्म में तुझे अन्दर कर दूँगा... सारी हेकड़ी निकाल दूँगा।

व्यक्ति : नहीं सर नहीं ऐसा मत कीजिये... नहीं तो मेरा कैरियर चौपट हो जायेगा।

पुलिस : तेरा कैरियर चौपट हो जायेगा... अबे तेरा कैरियर तो मैं बनाऊँगा... तूने ही तो जगराम के यहाँ डकैती डाली थी... तेरा नाम जग्गा है जग्गा...।

व्यक्ति : नहीं सर नहीं... मुझे मत फँसाइये सर... मेरा नाम जग्गा नहीं है... मेरा नाम भारत है भारत... मैं पढ़ा लिखा इन्सान हूँ सर...।

पुलिस : अच्छा... तू पढ़ा लिखा है...।

व्यक्ति : हाँ सर... मैं पढ़ा लिखा पोस्ट ग्रेजुएट बेरोज़गार इन्सान हूँ। नौकरी के लिए दर-दर भटकता हूँ।

पुलिस : बातें तो... तू बड़ी अच्छी बना लेता है।

व्यक्ति : सर... मैं नौकरी के लिए एक आफ़िस से दूसरे आफ़िस का चक्कर लगाता रहा... हर जगह मैंने अपने-आप को अयोग्य पाया... क्योंकि मेरे पास किसी मन्त्री का... किसी अधिकारी का... कोई सिफ़ारिश नहीं है और घूस देने के लिए मेरे पास धन नहीं है...।

पुलिस : वाह... वाह...। क्या कहानी सुनायी... अबे तू तो बहुत बड़ा कलाकार है...।

व्यक्ति : कहानी नहीं... हक़ीक़त बता रहा हूँ... आज इस शिक्षा प्रणाली का क्या महत्त्व है... मुझ जैसे पढ़े-लिखे लोग या तो रिक्शा चलाते हैं या फिर गारा मिट्टी ढोते हैं... या फिर समाज के ठेकेदारों द्वारा छल लिये जाते हैं...।

पुलिस : *(झुँझलाते हुए)* बहुत आवाज़ निकलती है...।

व्यक्ति : सर... जिसकी आवाज़ होती है... उसी की आवाज़ निकलती है... क्योंकि मैं सच बोलता हूँ...।

पुलिस : तेरी सच्चाई तो... मैं तुझे बताता हूँ... क्यों बे... तू आतंकवादी है ना...।

व्यक्ति : नहीं... नहीं... सर। ना तो मैं कोई आतंकवादी हूँ... और ना ही मैं चोर, डकैत हूँ... आप मुझ पर झूठा इल्ज़ाम क्यों लगा रहे हैं।

पुलिस : बोल... कितने लोगों का गिरोह है...।

व्यक्ति : मेरा कोई गिरोह नहीं है...।

पुलिस : (झुँझलाते हुए) जब तू चोर नहीं, डकैत नहीं, आतंकवादी नहीं, फिर तू है क्या।

व्यक्ति : यही तो... मैं आपको कितनी देर से बता रहा हूँ... कि मैं कुछ भी नहीं हूँ। मुझे छोड़ दीजिये।

पुलिस : जब तू कुछ नहीं है... तो मैं तुझे कुछ बना देता हूँ... तू आतंकवादी है... मैं तुझे आतंकवादी बना दूँगा।

व्यक्ति : नहीं... नहीं...। आप ऐसा हरगिज़ नहीं कर सकते।

पुलिस : तू तो देश का सबसे बड़ा मुजरिम है... तू आतंकवादी है... तेरा नाम जग्गा है... तूने ही देश में ग़ैर क़ानूनी तरीक़े से हथियारों की सप्लाई की है... तूने ही देश में दंगा कराया है... तूने ही देश में विस्फोट कराया है... और तूने ही देश के प्रमुख नेताओं पर आत्मघाती हमला किया है।

व्यक्ति : नहीं... सर... नहीं। मैंने ऐसा कुछ नहीं किया... मुझ निर्दोष को क्यों फँसा रहे हैं... पुलिस तो जनता की हिफ़ाज़त के लिए होती है। और आप लोग उसी जनता का गला घोट रहे हैं।

पुलिस : *(क्रोधित होकर)* चुप... बहुत बकबक करता है...। *(अपने अन्तरात्मा से बातें करता है।)* क्यों ना इसे मार दिया जाये... मन्त्री जी की बात भी पूरी हो जायेगी और मुझे ओहदा भी मिलेगा और सम्मानित भी किया जायेगा। हाँ... इसे मार ही देता हूँ। *(बैक ग्राउण्ड से आवाज़)*

व्यक्ति : सर... मैं... जाऊँ... मेरा भाई... मुझे छोड़ दीजिये...।

पुलिस : छोड़ दूँगा... ज़रूर छोड़ दूँगा... हमेशा के लिए छोड़ दूँगा।

व्यक्ति : थैंक्यू सर... तो फिर मैं जाऊँ सर...।

पुलिस : हाँ... पर खाली हाथ नहीं... ये पकड़... *(पिस्तौल थमाते हुए)* और भाग जितनी तेज़ भाग सकता है भाग...।

व्यक्ति : नहीं सर नहीं... मैं ये नहीं पकड़ूँगा...।

पुलिस : पकड़...। *(क्रोधित होकर)* पकड़ता है कि दूँ...। *(एक दो हाथ मारता है)* 20 तक गिनती गिनूगा। अगर भाग गया तो बच गया नहीं तो...।

व्यक्ति : *(गिड़गिड़ाते हुए)* नहीं साहब नहीं... मुझे छोड़ दीजिये... मैं आप के हाथ जोड़ता हूँ...मुझे छोड़ दीजिये साहब... मुझ पर कृपा कीजिये साहब... मुझे छोड़ दीजिये... मुझे छोड़ दीजिये साहब...।

पुलिस : भाग... *(व्यक्ति को मार कर भगाता है)* भाग... एक... दो... तीन... चार... *(गिनती बढ़ती चली जाती है। एकाएक ज़िगज़ैग लाईट जलती है उसी बीच पुलिस व्यक्ति के पीछे-पीछे दौड़ता हुआ नज़र आता है अचानक व्यक्ति पुलिस की गोली से घायल हो जाता है और व्यक्ति लड़खड़ाते हुए ज़मीन पर गिर पड़ता है और इसी बीच पुलिस मंच से बाहर चली जाती है ज़िगज़ैग बन्द होते ही नार्मल लाइट जलती है शरीर से ख़ून बहकर ज़मीन पर फैल जाता है। कुछ क्षण बाद धीरे-धीरे भीड़ एकत्रित होने लगती है और सब एक-दूसरे से कानाफूसी करते हैं।)*

पहला व्यक्ति : चलो... एक और आतंकवादी कम तो हुआ...।

दूसरा : लगता है... बहुत ख़तरनाक था... देखो तो हाथ में पिस्तौल भी लिए है...।

तीसरा : देखने में आतंकवादी लगता है?...अरे कोई चोर उचक्का होगा...।

चौथा : अरे... किसी के कहने से कोई आतंकवादी हो जाता है...।

पाँचवाँ : मुझे तो नहीं लगता... कि ये कोई आतंकवादी है... अरे ये भी हो सकता है... कि कोई निर्दोष हो...।

एक : भला... निर्दोष को पुलिस क्यों मारेगी...?

तीसरा : अरे भइया... सारे पुलिसवाले एक जैसे थोड़े ही होते हैं... जैसे एक मछली सारे तालाब को गन्दा करती है...वैसे ही एकाध करते हैं... और सारा-का-सारा पुलिस विभाग बदनाम हो जाता है...।

सभी : हूँ...। *(हामी भरते हैं।)*

पाँचवाँ : अरे भइया... मैंने पेपर में पढ़ा था... कि एक पुलिसवाला ओहदे के चक्कर में एक निर्दोष का इन्काउण्टर कर दिया।

दूसरा : फिर क्या हुआ...।

पाँचवाँ : फिर थोड़ा हो हल्ला हुआ... पेपरबाज़ी हुई और फिर सब शान्त हो गया।

चौथा : फिर...।

पाँचवाँ : फिर क्या...। कुछ दिन बाद उसी पुलिसवाले को उच्च पद देकर सम्मानित किया गया... ऐसा है यह समाज...।

(एक बूढ़ी औरत रोते हुए प्रवेश करती है।)

बूढ़ी औरत : अरे... मोर बच्चा... अरे मोर बच्चा... अरे मोर लाला रे... अरे मोर खिलौना... ऐ मोर बच्चा...। *(लगातार रोती हुई कहती है।)* कौन मार डायेस मोर बच्चा के... अरे बच्चा... तुम तो दवा लेय गये रहेव... हाय राम... अब अपने भैया के कइसे दवा खिलौबो... ऐ मोर भइया... ऐ मोर बच्चा...। *(लगातार कारन करती हुई विलाप करती है।)* मेहनत मजूरी करके एतना पढ़ावा-लिखावा... कौनो काम नहीं आवा... हमार बच्चा नौकरी के लिए दर-दर भटकत रहा... आपन दुःख तक़लीफ़ कभौव नय बतावत रहा... अपने बीमार भाई के लिए जानय देत रहा... बहुतय परेशान रहा मोर बच्चा... आय राम... हाय राम रे... ऐ मोर बच्चा... तुम तो कभौव कोई गल्तियो नै किहे रहेव... तब काहे भगवान्... तोहका सजा दिहेन... भगवान्... हाय राम

ऐ मोर बच्चा...।

चौथा : अरे काकी तुम...।

बूढ़ी औरत : हाँ भइया... ई हमार पोता है... ई तो कौनो कोई ग़लत काम करबै नहीं भवा... कइसे मार डाईन हमरे बच्चा के...।

तीसरा : *(दूसरे व्यक्ति से इशारा करते हुए।)* कह रहे थे कि आतंकवादी है ना...।

(पुलिस इन्स्पेक्टर कुछ कान्स्टेबिल के साथ प्रवेश करता है)

पुलिस : चलो-चलो, भीड़ मत लगाओ... चलो... ऐ औरत... तुम भी यहाँ से चलो... पुलिसवालों को अपना काम करने दो... *(कान्स्टेबिल को इशारा करते हुए)* तुम लोग पंचनामा के पेपर तैयार करो...।

बूढ़ी औरत : हम कइसे जाई... हमार बच्चा का मार डायेव... हमार बच्चा का जुलूम किये रहा... जो तुम लोग मार डायेव...।

पुलिस इन्स्पे. : ये आतंकवादी है...।

बूढ़ी औरत : झूठ... ई सब झूठ है... ई तौ कभौव कौनो चींटियव तक नै मारिस और तुम लोग हमरे बच्चा के आतंकवादी कहत हो... हमार बच्चा आतंकवादी नै रहा... *(बूढ़ी औरत लगातार अपनी बातों को दोहराती रहती है और रोते-रोते बेहाल हो जाती है और अपने पोते के लाश पर गिरकर मर जाती है।)*

(पागल का प्रवेश)

पागल : *(हँसते हुए)* हा... हा... हा...। फिर एक आतंकवादी का अन्त कर दिया इन समाज के ठेकेदारों ने... हा... हा... हा... *(हँसता रहता है सभी लोग उस पागल की ओर आश्चर्य से देखते हैं।)* एक और निर्दोष का अन्त कर दिया... देखो ये समाज के इन ठेकेदारों ने... ये सरकार के

बनाये हुए गुण्डे हैं... समाज में भ्रष्टाचार, अत्याचार, आतंक यही करते हैं और करवाते भी हैं... और मारे जाते हैं... समाज के अपाहिज... ग़रीब और भूख से बेबस लोग...

पुलिस इन्स्पे. : भगाओ साले पागल को ... डिस्टर्ब कर रहा है...।

पागल : मैं भागूँगा नहीं... क्योंकि मैं सच बोलता हूँ... ख़ून, कत्ल, राहज़नी, डकैती सब तुम्हीं लोग कराते हो... मगर रूप अलग है... तुम तो सरकारी गुण्डे हो... सरकारी वर्दी पहनकर तुम कुछ भी कर सकते हो... तुम्हें कोई नहीं रोक सकता है... हा... हा... हा...।

कान्स्टेबिल : भाग-भाग यहाँ से *(पागल को मार कर भगाने की कोशिश करता है)* पागल कहीं का...।

पागल : *(मार खाने के बाद रोते-रोते हँसने लगता है।)* देखा... देखा...। जैसे मुझे मारा... वैसे ही इस निर्दोष को भी मारा होगा... तुम मेरा कुछ नहीं कर सकते ...सरकार वर्दी देती है जनता की हिफाज़त के लिए और तुम लोग उसी जनता का गला घोंट देते हो... खुलेआम घूस लेते हो... जितना भी ग़ैर क़ानूनी काम होता है सब करते हो... चौराहे पर खड़ा होकर ट्रैफिक पुलिसवाला खुलेआम घूस लेता है... एक रुपया, दो रुपया यहाँ तक की... ये लोग पावरोटीवालों से पावरोटी तक ले लेते हैं... ये लोग सड़क के भिखारी से भी बदतर होते हैं... सब देखते हैं बड़े-से- बड़ा अधिकारी... बड़े-से-बड़ा बुद्धिजीवी अपनी कलम से जनता की आवाज़ को बुलन्द करनेवाला ये... ये भी इनका कुछ नहीं कर पाता... क्योंकि ये जो सरकारी वर्दी पहन रखा है...।

पुलिस इन्स्पे. : मारो-मारो... इस पागल को...।

पागल : मुझे क्या मारोगे... मुझे मार कर तुम्हें क्या मिलेगा... न पद मिलेगा न सम्मान मिलेगा... बदनामी ज़रूर मिलेगी... एक

पागल को मार दिया... हा... हा... हा...। तुम्हारी आत्मा, इन्सानियत, ज़मीर तो पहले ही मर चुकी है... तू तो देश और समाज का सबसे बड़ा दुश्मन है... तू गुण्डे और नेताओं का ग़ुलाम है...तू ही ड्रग्स और हथियारों की सप्लाई करता है ग़रीबों पर अत्याचार करता है... गुण्डों को शरण देता है और उन्हीं गुण्डों से चोरी, डकैती, राहज़नी कराता है और सरकार को दिखाने के लिए... एक ग़रीब और निर्दोष को काउण्टर कर देते हो। जैसे इसका हुआ है हा... हा... हा...।

पुलिस इन्स्पे. : मारो... मारो... इस पागल को... । बड़ी देर से पगलई कर रहा है... मारो... मारो... इस पागल को...।

पागल : अरे हट...। *(पागल पुलिस को धकियाते हुए कहता है)* सच बोल रहा हूँ ना... पिछली बार सड़क मज़दूर को... देश का सब से बड़ा डॉन कहकर उसका इन्काउण्टर कर दिया गया... जैसे इसका हुआ है...।

पुलिस इन्स्पे. : मारो... मारो... इस पागल को...।

पागल : एक पुलिसवाले के वजह से सारा-का-सारा पुलिस विभाग बदनाम हो जाता है... और तू अपने-आप को हिरण्यकश्यप समझता है... अपने-आप को भगवान् समझता है... तू... तू ही आतंकवादी है, तू ही चोर है, तू ही डकैत है, तू ही इस समाज का सबसे बड़ा नासूर है तेरा ही अन्त होना चाहिये...। *(पागल पुलिसवालो को मारने लगता है)*

पुलिस इन्स्पे. : मारो... इस साले इस पागल को... पुलिसवालों को मारता है...। *(सभी पुलिसवाले मिलकर पागल को मारते हैं पागल मार खाता रहता है और मौक़ा देखकर भाग जाता है।)*

(दृश्य बदलता है)

(मंच के चारों कोने से चार गुण्डे एक-एक करके आते हुए दिखायी पड़ते हैं। वे सभी आपस में कुछ बातें करते हैं।)

लम्पटिया 1 : नेता जी... अभी तक नहीं आये...।

बिहारी 2 : अरे भइया... अब बड़े नेता हो गये हैं... आने में समय तो लगेगा ही...।

नाटे भाई 3 : अबे सुन, अब इतनी फ़ुरसत कहाँ रहती है... जो हम लोगों का ध्यान दे...।

बॉस 4 : अबे ओए भूतनी के... ध्यान देते हैं... तभी तो हम सब लोग सुरक्षित हैं...।

लम्पटिया 1 : हाँ बॉस... आप ठीक कह रहे हैं... नहीं तो हम लोग जेल में होते या तो पुलिस द्वारा *(ऊपर की ओर इशारा करते हुए)* ऊपर भेज दिये गये होते।

नाटे भाई 3 : अबे ठेगऊ के... इसीलिए तो हम सब लोग नेताओं के आगे-पीछे घूमते रहते हैं क्यों बिहारी...।

बिहारी 2 : बॉस...। ये आप ग़लत कह रहे हैं, कहावत है ना... कभी नाव गाड़ी पर तो कभी गाड़ी पर नाव... मतलब समझे। हम सब एक-दूसरे के पूरक हैं...।

लम्पटिया 1 : सही कह रहे हो बिहारी... कभी हम उनके काम आते हैं तो कभी वो हम लोगों के काम आते हैं।

नाटे भाई 3 : देख बे लम्पटिया... अपना काम वही है जिसका घर खाली न हो उसका घर खाली करा देंगे और जो चीज़ पसन्द आ गयी... बस अपना ही समझो...।

बॉस 4 : शहर में दंगा कराना हो... तोड़-फोड़ कराना हो... लूटपाट करना हो या किसी को दुनिया से विदा करना हो... ये सब काम मैं अपने गुरु के आदेश पर करता हूँ... और गुरु के आदेश का पालन करना अपना धर्म है...।

नाटे भाई 3 : तभी तो बॉस... आप नेता जी के खासम खास आदमी हैं

लम्पटिया 1 : इसीलिए तो शहर में आपका बोलबाला है। *(सभी हँसते हैं।)*

नाटे भाई 3 : अरे ओ लम्पटिया... अबे ये बता मैंने तुझे हथियारों की सप्लाईवाली लिस्ट दी थी... उस समान की सप्लाई कर दिया...।

लम्पटिया 1 : *(हक्का-बक्का होकर घबड़ाकर बोलता है।)* नहीं... नहीं बॉस, ग... ग़लती हो गयी।

नाटे भाई 3 : *(मारते हुए।)* अबे साले ग़लती करता है... साले छह के छैयव तेरे सीने में उतार दूँगा... साला ग़लती करता है...।

(सभी लोग हटाने लगते हैं झगड़ा शान्त हो जाता है)

नाटे भाई 3 : अबे बिहारी... ऐसे नौसिखियों को अपने साथ क्यों रखता है... साला फँसायेगा...।

बॉस 4 : अच्छा... अच्छा सब शान्त हो जाओ... अच्छा वो वाली लिस्ट दो... नेता जी को देनी है... अच्छा सुनो... तुम सब लोग अपने-अपने कपड़े बदल लो... नेता जी आनेवाले होंगे।

(सभी गुण्डे मंच पर ही नेताओं वाला कुर्ता पैजामा धारण करने लगते हैं)

बिहारी 2 : अरे बॉस... आप तो इस कपड़े में बहुत जम रहे हैं...।

लम्पटिया 1 : अरे बॉस... झकास, एकदम झकास... आप अगले चुनाव में खड़े क्यों नहीं हो जाते...।

बॉस 4 : हाँ... हाँ...। ज़रूर चुनाव लड़ूँगा... नेता जी अगले चुनाव के लिए टिकट दे रहे हैं। चलो... चलो... नेता जी आ गये... अरे... अरे माला भी तो ले लो...।

(सभी लोग हाथ में माला लेकर ज़िन्दाबाद के नारे लगाते हुए आगे बढ़ते हैं। और नेता जी का प्रवेश होता है।)

बॉस 4 : नेता जी... ज़िन्दाबाद... ज़िन्दाबाद...। ग़रीब पार्टी ज़िन्दाबाद...।

कोरस : ज़िन्दाबाद... ज़िन्दाबाद...।

बॉस 4 : ग़रीब पार्टी... ज़िन्दाबाद...।

कोरस : ज़िन्दाबाद... ज़िन्दाबाद...।

बॉस 4 : मन्त्री जी ज़िन्दाबाद... ज़िन्दाबाद...।

कोरस : ज़िन्दाबाद... ज़िन्दाबाद...।

बिहारी 2 : ग़रीबों का नेता कैसा हो...।

कोरस : जग्गा भाई जैसा हो...।

बिहारी 2 : मन्त्री जी ज़िन्दाबाद... ज़िन्दाबाद...।

कोरस : ज़िन्दाबाद... ज़िन्दाबाद...।

मन्त्री जी : शान्त... शान्त हो जाइये आप सब लोग... ज़िन्दाबाद मेरी नहीं... उन तमाम भाइयों का ज़िन्दाबाद... सभी माताओं बहनों का ज़िन्दाबाद... सभी सम्मानित नागरिकों का ज़िन्दाबाद... मैं आप सभी लोगों का शुक्रगुज़ार हूँ। जिन्होंने मुझे चुनकर देश की बागडोर सम्हालने का मौक़ा दिया है।

(सभी तालियाँ बजाते हैं।)

मन्त्री जी : जिस उम्मीद से आप ने मुझे सेवा करने का मौक़ा दिया है... मैं उसी उम्मीद के साथ आप को विश्वास दिलाता हूँ... कि समाज से अत्याचार, भ्रष्टाचार, आतंक को समाप्त कर सागाज को डर और भय से मुक्त कराकर स्वस्थ समाज देने का वादा करता हूँ... जिससे माताओं बहनों और भाइयों को किसी प्रकार का डर और भय नहीं रहेगा...।

बॉस 4 : नेता जी... ज़िन्दाबाद... ज़िन्दाबाद...।

कोरस : ज़िन्दाबाद... ज़िन्दाबाद...।

(सभी तालियाँ बजाते हैं। मन्त्री इशारे से शान्त रहने को कहते हैं)

मन्त्री जी : भाइयों... मुझे एक बात और कहनी है... हमारे देश में बेरोज़गारी बहुत है हर पढ़े-लिखे नौज़वान की सबसे बड़ी

समस्या है नौकरी... मैं सब के लिए नौकरी सब के लिए काम दिलाने का वादा करता हूँ... अब ना कोई बेरोज़गार रहेगा और न ही बेकारी...।

बॉस 4 : ग़रीब पार्टी ज़िन्दाबाद...।

कोरस : ज़िन्दाबाद... ज़िन्दाबाद...।

(सभी तालियाँ बजाते हैं।)

मन्त्री जी : हमारे देश का हर एक बच्चा शिक्षित होगा... महिलाओं के उत्थान के लिए महिला कल्याण समिति की स्थापना की जायेगी... जिससे महिलाओं का उत्थान हो सके... विधवा विवाह को प्रोत्साहन दिया जायेगा और सरकार की तरफ़ से पूरी-की-पूरी मदद की जायेगी...। हाँ... एक बात और हमारे किसान भाइयों को... समय-समय पर प्राकृतिक आपदाओं का सामना करना पड़ता है... जैसे सूखा, बाढ़, पाला आदि का सामना करना पड़ता है... इन आपदाओं से निपटने के लिए... सरकार के राहत कोष से धन लेकर आप लोगों की मदद करने का प्रयास करूँगा।

बॉस 4 : मन्त्री जी ज़िन्दाबाद... ज़िन्दाबाद...।

कोरस : ज़िन्दाबाद... ज़िन्दाबाद...।

(सभी तालियाँ बजाते हैं।)

मन्त्री जी : मैं आप सभी का ज़्यादा वक्त न लेते हुए... अपने शुभचिन्तकों को बधाई देता हूँ... और विश्वास दिलाता हूँ कि कभी भी किसी प्रकार की दिक़्क़तों का सामना नहीं करना पड़ेगा... कभी भी कोई दिक़्क़त हो तो आप लोगों की सेवा करने के लिए तैयार रहूँगा।

(पागल का प्रवेश)

पागल : *(दर्शकों को सम्बोधित करते हुए)* ठहरो-ठहरो, ये आप के शुभचिन्तक हैं। आपने इसे पहचाना नहीं... ये ढ़ोंगी है ढोंगी... ये शेर के खाल में भेड़िया है भेड़िया...।

लम्पटिया 1 : ऐ... भाग यहाँ से...।

पागल : मुखौटा लगाने से चेहरा नहीं बदल जाता... तू तो साइकिल चोर था... बाद में तू तो चोरी डकैती राहज़नी करने लगा था ना...।

बिहारी 2 : भाग... भाग... यहाँ से...।

पागल : बाद में तू नेताओं का चमचा बन गया था... उन्हीं के इशारे पर शहर के स्कूल कॉलेजों के बच्चों को लेकर दंगा तोड़-फोड़ किया करता था ना... तेरा ही नाम जग्गा है ना जग्गा... मैं तुझे पहचानता हूँ।

नाटे भाई 3 : भाई चल, चल हट ले... बढ़ ले यहाँ से... चल हट... अबे जाता है कि दूँ... साले पागल कहीं का... भाग, भाग यहाँ से...।

पागल : मैं यहाँ से भागनेवाला नहीं हूँ। ना ही तुम लोगों से डरनेवाला हूँ... क्योंकि मैं सच बोलनेवाला हूँ। इसलिए लोग मुझे पागल कहते हैं... तू तो पुलिस का मुखबिर था... और नेताओं की चमचागिरी करते-करते नेता बन गया...। फिर तू मन्त्री बन गया...।

बॉस 4 : *(मारते हुए भगाते हैं)* भाग... भाग यहाँ से... पागल कहीं का।

मन्त्री जी : नहीं... नहीं, साथियों ऐसा नहीं करते। हमें ऐसे व्यक्ति पर क्रोध नहीं करना चाहिये... इसे हमारे सहयोग की ज़रूरत है...हमें इसका इलाज अच्छे-से-अच्छे डॉक्टर के संरक्षण में कराना चाहिये... ताकि ये अपने इस बीमारी से हमेशा के लिए मुक्त हो जाये।

पागल : जानता हूँ, जानता हूँ... तू मेरा इलाज ज़रूर करवायेगा। हाँ... हाँ मेरा इलाज... जो सच बोलता है उसका अन्त

करवा देता है... तू जनता को बेवक़ूफ़ बना सकता है... मैं इस जनता को सब-कुछ सच-सच बताऊँगा... ये तो ख़ुद अत्याचारी है... ये क्या अत्याचार मिटायेगा... ये तो ख़ुद भ्रष्ट है... ये क्या भ्रष्टाचार मिटायेगा... जो ग़रीबों का हिस्सा लूट लेता है वह ग़रीबी क्या दूर करायेगा... अरे तू तो लोगों को धर्म के नाम पर... जाति के नाम पर... हिन्दू मुस्लिम, सिक्ख, ईसाई को आपस में लड़वाता है... *(जनता से)* आप लोगों ने ऐसे आदमी के हाथों में देश की बागडोर क्यों थमा दी। जो इस देश को विदेशियों के हाथ बेच देगा। देश को कंगाल कर देगा... हम फिर से ग़ुलाम हो जायेंगे...। छीन लो... ऐसे भ्रष्ट लोगों से अपने देश की बागडोर छीन लो... वरना हम सब ग़ुलामी की ज़ंजीरों में जकड़ लिए जायेंगे... छीन लो... *(पागल रोने लगता है)*

सभी चमचे : *(पागल को मारने दौड़ते हैं।)* मारो... मारो इस पागल को...।

पागल : छीन लो... छीन लो... *(चमचे लोग मारने लगते हैं पागल अपने को चमचों के चंगुल से छुड़ाकर भागता है। सभी उसके पीछे दौड़ते हैं। मंच की लाइट ऑफ हो जाती है।)*

(डॉक्टर का प्रवेश)

(डॉक्टर मोबाइल के द्वारा मन्त्री जी से बात करते हुए प्रवेश करता है। और साथ में नर्स तथा एक वार्ड ब्वाय रहता है जो डॉक्टर साहब की अटैची लिये होता है)

डॉक्टर : *(मोबाइल पर बात करता है)* हलो... जग्गा भाई... ओह सॉरी... सॉरी मन्त्री जी और क्या हालचाल है। अरे साहब मैं डॉक्टर ख़ुशवन्त राय बोल रहा हूँ।

डॉक्टर : हाँ... हाँ, अरे मन्त्री जी आपका हिस्सा मिल गया। अरे थैंक्यू काहे की... हम दोनों तो एक ही नाव के खेवइया

हैं... काम... ठीक चल रहा है। अरे मन्त्री जी विदेश यात्रा पर कब जा रहे हैं। अच्छा-अच्छा... मन्त्री जी दो किडनी सप्लाई करनी है। हाँ-हाँ सारा प्रबन्ध मैंने कर दिया है... हाँ-हाँ ठीक है ठीक है हाँ... और मैं देख लूँगा। आप की तरफ़ से सब तैयारी है ना... लगता है कोई आ रहा है... मैं बाद में बात करता हूँ। *(फ़ोन को डिस्कनेक्ट कर देता है।)*

(औरत का प्रवेश)

औरत : डॉक्टर साहेब... डॉक्टर साहेब... हमरे बच्चा के बचाय लेव... हम आपके शरण में आये हैं।

डॉक्टर : क्या हुआ है इसे...।

औरत : हमरे बच्चा को रात से बहुत तेज बुख़ार है और पेट में दरद होए रहा है।

डॉक्टर : पेट में और कभी दर्द हुआ था।

औरत : नाहि डॉक्टर साहेब... हाँ बुख़ार हुआ रहा।

डॉक्टर : कुछ पर्चा वगैरह है।

औरत : हाँ... हाँ। *(पर्चा देते हुए)* डॉक्टर साहेब ई रहा।

डॉक्टर : *(पर्चा देखते हुए)* इसे तो फ़ौरन अस्पताल में भर्ती करना पड़ेगा... इसका आपरेशन करना पड़ेगा... इसके पेट में फोड़ा है फोड़ा।

औरत : हे डॉक्टर साहेब... हम मुला पचे तो गाँव के हैं... हमार बच्चा के रच्छा करैं। हमरे आगे-पीछे कउनौ नाहि ना... एही लरका बा... जो हमरे बुढ़ापा का सहारा बा।

डॉक्टर : आपरेशन में बहुत पैसा लगता है...।

औरत : कितना पइसा लागी डॉक्टर साहेब...।

डॉक्टर : यही...दस... पन्द्रह हज़ार रुपये...।

औरत : डॉक्टर साहेब इतना तो नाहि ना हमरे पास ... इहै दूई तीन हज़ार रुपया बा।

डॉक्टर : इतने में क्या होगा...।

औरत : डॉक्टर साहेब आप हम गरिबन पे कुछ किरपा कर दें... हमरे पास कुच्छौ नाहि ना।

डॉक्टर : इतने में कुछ नहीं हो सकता... कुछ और बन्दोबस्त करो...।

औरत : डॉक्टर साहेब... डॉक्टर भगवान् का दूसर रूप होत है...।

डॉक्टर : बिना पैसा के कुछ नहीं हो सकता...।

औरत : आप मुझ दुखयरिन के दुःख हर लेव डॉक्टर साहेब... हमरे बच्चा के बचाय लेव।

डॉक्टर : हम आप से साफ़-साफ़ कह रहे हैं... कि बिना पैसा के कुछ नहीं हो सकता।

औरत : अब हमरे पास कुच्छौ नाहि ना *(औरत अपने गहनो को देखती है और गहने उतारते हुए कहती है।)* बस यही बा... इहौ लै लेव डॉक्टर साहेब...।

डॉक्टर : ठीक है ठीक है... हम कुछ देखते हैं।

औरत : *(अपने आभूषण देते हुए कहती है)* डॉक्टर साहेब हमार बचवा बच जाइहे ना।

डॉक्टर : भगवान पर भरोसा रखो... सब ठीक हो जायेगा... वही सब ठीक करेगा...।

(पागल का प्रवेश)

(नेता के चमचे पागल को पकड़े हुए डॉक्टर के पास लाते हैं पागल अपने-आप को उन लोगों से छुड़ा लेता है।)

पागल : *(हँसते हुए)* हा... हा... हा...। अरे डॉक्टर साहेब एक और मुर्गा मिल गया... अभी पेट नहीं भरा... ऐ औरत अपने गहने मत उतार... तेरा यहाँ कुछ नहीं होनेवाला है।

डॉक्टर : ये क्या बक रहा है।

चमचा : डॉक्टर साहब... ये कुछ ज़्यादा ही बक रहा है।

पागल : ले जा... ले जा... तू यहाँ से अपने बच्चे को... ले जा किसी वैद्य हकीम को दिखा ठीक हो जायेगा। लेकिन यहाँ ठीक नहीं होगा... यहाँ इसे मार दिया जायेगा।

(डॉक्टर चमचो को इशारे से पागल को पकड़ने के लिए कहता है।)

पागल : आजकल के डॉक्टर तो मरीजों की सेवा करना ही नहीं चाहते हैं... ये तो डॉक्टरी पेशे को बनिया की दुकान समझते हैं... मरीज मरे या जिये इनसे कोई मतलब नहीं है... इनको तो पैसा दिखता है पैसा... पैसे के लिए कुछ भी कर सकते हैं...।

औरत : *(हक्का-बक्का होकर पागल को देखती है।)*

पागल : जब तुम लोग डॉक्टरी की शिक्षा प्राप्त करते हो... तो उस समय यह कसम खाते हो... कि हम सच्चे मन से दीन दु:खियों और ज़रूरत मन्द लोगों की सेवा नि:स्वार्थ व सच्चे लगन से सेवा करूँगा... सेवा करना तो दूर... तुम लोग कसाई-हो-कसाई... तुम लोगों का चरित्र इतना गिर गया है कि अपने-आप को भूल गये हो... अरे तुम लोग तो मुर्दों के पैसे से महल बनाते हो... जिस महल में रहते हो... वो मुर्दों का घर है... मुर्दों के घर में रहनेवाला मुर्दा होता है मुर्दा इन्सान नहीं...।

चमचा : चुप साले पागल बहुत बकबका कर रहा है... डॉक्टर साहब इसे भी दो चार इंजेक्शन ठोक दीजिये ठीक हो जायेगा...।

पागल : क्यों डॉक्टर... सच कड़वा लगता है ना...। अरे पैसे के लालच में तुम लोग पागल हो गये पागल... अगर कोई

मरीज मर गया... तो तुम लोग उस मुर्दे से भी पैसा कमा लेते हो... मरे हुए व्यक्ति के शरीर में सीरिन्ज में पानी भरकर लाश में ठोक देते हो और हज़ार, दो हज़ार, चार हज़ार लूट लेते हो।

डॉक्टर : *(वार्ड ब्वाय से सीरिन्ज लगाने का इशारा करता है। चमचों को पकड़ने का इशारा करता है।)*

पागल : और तो और मरीजों का इलाज के बहाने... उनका गुर्दे, आँख, आँत, तक निकाल लेते हो और दूसरे मुल्कों में बेच देते हो... इन्सान के रूप में शैतान-हो-शैतान... डॉक्टर के रूप में डाकू हो... तुम लोग की पहुँच बड़े-बड़े लोगों से होती है। नेता, मन्त्री, पुलिस, वकील, गुण्डे तुम सब मिल कर काम करते हो... तुम सब का कमीशन बँधा रहता है... ऐ औरत ये तेरे बच्चे की किडनी निकाल लेगे और मार डालेंगे। तू इसे लेकर भाग जा भाग...।

(औरत अपने बच्चे को लेकर भाग जाती है। सभी लोग पागल को मारते हुए एक स्वर में कहते हैं। मारो-मारो पागल है मारो साले को इसी बीच पागल अपने को बचा कर भागता है। उसके पीछे-पीछे सभी दौड़ते हैं। पागल भाग जाता है मंच पर डॉक्टर अकेला रह जाता है खिन्न होकर कहता है।)

डॉक्टर : भाग गया साला पागल... हाथ में आया हुआ केस निकल गया...

(डॉक्टर बड़बड़ाता रहता है। तभी मन्त्री और पुलिस पागल को पकड़े हुए प्रवेश करते हैं।)

पागल : *(अपने को इन लोगों से छुड़ाने का प्रयत्न करते हुए कहता है।)* छोड़ दो मुझे... छोड़ दो मुझे... तुम लोग क्या समझते

हो... कि सच को अपने बस में कर लोगे... क्या सच... तुम लोगों के हाथ की कठपुतली बन गयी है। नहीं-नहीं... ऐसा कभी नहीं होगा... कभी नहीं होगा...।

(तभी नेता अपने गले का दुपट्टा पागल के गले में डालकर घसीटते हुए पागल को मंच के बीचोबीच लेकर आता हैं और पुलिस पागल का बायाँ हाथ पकड़ कर खींचता है। दूसरी तरफ़ से डॉक्टर पागल के दायें हाथ को पकड़कर खींचता है और मन्त्री दुपट्टा से पागल के गले को फँसा कर गला कसता चला जाता है धीरे-धीरे पागल के प्राण पखेरू उड़ जाता है पागल के शरीर से आत्मा निकल कर हँसती हुई समाज के ठेकेदारों पर प्रहार करती है।)

आत्मा : शरीर नश्वर है। इस शरीर से मोह कैसा। आत्मा तो अजर अमर अविनाशी है। उसी तरह सत्य, सत्य है। जिसको झुठलाया नहीं जा सकता... क्योंकि आज के इस वर्तमान परिवेश में समाज रूपी दानव अपने निजी स्वार्थ और अहंकार में इतना अन्धा हो गया है... जो सच को अपनाना ही नहीं चाहता है। जब तक समाज में ऐसे भूखे भेड़िये विद्यमान रहेंगे... तब तक इस देश की उन्नति सम्भव नहीं है ऐसे दानवों के अन्दर से स्वार्थ अहंकार के राक्षसों का अन्त कर देना चाहिये। जो अपने सुमार्ग कर्त्तव्य से भटक कर कुमार्ग की ओर जा रहे हैं... जो इस देश समाज सभ्यता और संस्कृति के लिए नासूर बन चुके हैं... यदि हम अपने देश की ख़ुशहाली व समृद्धि चाहते हैं... तो हमें आपसी वैमनस्य, अत्याचार, भ्रष्टाचार, आंतक, हिंसा और समाज की कुरीतियों को जड़ से उखाड़ फेकना होगा... हिन्दू, मुस्लिम, सिक्ख, ईसाई को आपसी स्नेह और

भाईचारा से देश की एकता व अखण्डता के लिए एक जुट होकर... देश की प्रगति के लिए कार्य करना होगा तभी इस देश में नयी जागृति व क्रान्ति से नवयुग क निर्माण हो सकेगा... तभी हमारा देश विकसित व समृद्धि राष्ट्र बन सकेगा... आज से हम सब प्रण करते हैं कि अपने देश व समाज पर कभी भी काले बादल मँडराने नहं देंगे... इसकी रक्षा के लिए चाहे हमें अपने प्राणों क कुरबानियाँ ही क्यों न देनी पड़े। हम ऐसा कोई भी काय नहीं करेंगे जो हमारी सभ्यता, संस्कृति, समाज व देश के उत्थान में बाधक बने... अपने झूठे अहंकार को त्यागक हम सब को सत्य के मार्ग पर चलना होगा... इस राह प चलने पर अनेकानेक कठिनाइयों का सामना करना पड़ेगा.. क्योंकि सच मुक्ति का मार्ग है... सच बहुत कड़वा होत है... जिसे लोग सहन नहीं कर पाते... इसीलिए सच बोलनेवाले को समाज पागल कहता है पागल और कहत है...। मारो मारो पागल है।

(परदा धीरे-धीरे बन्द होता है)

जस गुरु तस चेला

कथावस्तु

जस गुरु तस चेला हास्य रस में सराबोर दो काल्पनिक चोरों के ईद-गिर्द मँडराती एक कहानी है।

जिसमें चोरों के मुँह से भ्रष्टाचार, अत्याचार, आतंकवाद और कई बड़े घोटालों की चर्चा करना भी बड़ा हास्यास्पद, लगता है ख़ुद चोर होकर दूसरे विषयों पर लोगों पे उँगली उठाना एक चर्चित कहावत "सौ-सौ चूहे खाकर बिल्ली हज को चली" जैसा प्रश्न चिह्न बनाता है चोर सच्चे होते तो अपच होता... किन्तु यहाँ बात कुछ अलग है।

मेरी कलम ने रोचकता के धागे में मनोरंजन के पुष्प टॉक कर देश की मौजूदा स्थिति को उजागर करने आतंकवाद का नाश करने, आपसी प्रेम, भाईचारा राष्ट्र का सम्मान बढ़ाने जैसे विषयों पर सोचने और समस्याओं के निदान के लिए कारगर क़दम उठाये जाने के लिए एक दिशा दी है।

काल्पनिक पात्र 'जस गुरु तस चेला' के रूप में जो महज़ एक माध्यम बनकर अन्तस की उलझनों को सरेआम करते हैं... ये सोचकर की आवाज़ उठेगी तो दूर तलक जायेगी...।

साहूकार के रूप में न सही तो चोर के रूप में ही...।

पात्र-परिचय

जस गुरु तस चेला

चोर/गुरु

चोर/चेला

पुलिस

व्यक्ति

भविष्य

मंच का परदा धीरे-धीरे खुलता है। ज़िग्ज़ैगलाइट के साथ पुलिस सायरन की आवाज़ धीरे-धीरे तेज़ होती चली जाती है। दो चोर कॉफ़ी घबराये हुए मंच पर बायीं ओर से दायीं और दायीं ओर से बायीं ओर भागते हुए दिखायी पड़ते हैं। इन दोनों चोरों के पीछे पुलिस दौड़ती हुई नज़र आती है। *(ज़िगज़ैग लाइट के बन्द होते ही मंच पर नार्मल लाइट जलती है।)*

पुलिस : भाग गया साला... पुलिसवाले को चमका दे गया... कब तक चकमा देते रहोगे... मैं तुम दोनों को छोड़ूँगा नहीं... कब तक भागते रहोगे... कभी तो हाथ लगोगे... जिस दिन हाथ लग गये... उस दिन मार-मार के भूसा भर देंगे... लोगों का जीना हराम कर रखा है... कभी यहाँ चोरी... कभी वहाँ डकैती... आये दिन कुछ-न-कुछ होता रहता है... लोगों का जीना मुश्किल हो गया है... शायद मालूम नहीं क़ानून के हाथ कितने लम्बे होते हैं... देख लूँगा सालों को...।

(पुलिस चली जाती है। विगो के दोनों ओर से वही चोर एक-दूसरे की तरफ़ पीठ किये हुए धीरे-धीरे बड़ी सतर्कता से मंच के बीचोबीच की ओर बढ़ते हैं। वे अचानक आपस में पीठ के बल टकरा जाते हैं... पुलिस के भय के कारण बोल पड़ते हैं।)

चोर 1 : अरे... बाप रे...

चोर 2 : अरे... बार रे...

चोर 1 : अबे तू... मैं समझा कोई पुलिसवाला है... मेरी तो जान ही निकल गयी थी...।

चोर 2 : क्या कहा... जान... यानी ज़ीनत अमान... आहा... क
लम्बाई है।

चोर 1 : अबे... अबे... अबे... ये क्या बक रहा है तू...।

चोर 2 : अरे उस्ताद... अब आप बनिये मत... लगता है... आप
इन सब पर मरते हैं।

चोर 1 : चुप...। मैं किसी ज़ीनत वीनत की बात नहीं कर रहा था
मैं तो उन ससुर लोगों की बात कर रहा था... जिनसे ह
लोग बच कर आये हैं... तुझे तो हर समय फ़िल्मोनि
सवार रहता है...।

चोर 2 : *(देवानन्द की आवाज़ बनाकर कहता है।)* लगता है
तुमने मुझे अभी पहचाना नहीं... हम वो चीज़ हैं जि
देखकर पुलिसवाले डर के मारे थरथर काँपने लगते हैं.
लड़कियाँ भी शर्मा जाती हैं...।

चोर 1 : *(हँसता है।)* हाँ... हाँ...।

चोर 2 : आगे सुनिये *(राज कुमार की आवाज़ में)* जानी... हमें लो
बादशाह कहते हैं... और हम इस मुहल्ले के चौकीद
हैं... नाम है राजकुमार...।

चोर 1 : *(ज़ोर से हँसता है।)* हाँ... हाँ...।

चोर 2 : आगे सुनिये *(जगदीप की आवाज़)* अरे... कौन है...
खम्भा उखाड़ के... बिजली का खम्भा... कभी न
छूता... ओ... ओ... पुलिसवाला इसमें तो करण्ट है
अभी नहीं छूता... कभी नहीं छूता। *(करण्ट लगने
अभिनय करता है।)*

चोर 1 : *(हँसते हुए ।)* बस... बस... बहुत हो गयी तेरी पगलई
वरना मुझे राँची के टिकट खरीदना पड़ेगा।

*(दोनों पीठ-से-पीठ मिलाकर बैठ जाते हैं और सोच
लगते हैं और चोर 2 बोल पड़ता है।)*

चोर 2 : उस्ताद... एक आइडिया आया...।

चोर 1 : कैसा आइडिया...।

चोर 2 : उस्ताद... लगता है... इस गठरी में बहुत माल है। आज से चोरी-वोरी बन्द ... बन्द चोरी-वोरी।

चोर 1 : तो फिर क्या करेंगे।

चोर 2 : उस्ताद... गठरीवाले पैसे से फ़िल्म बनाते हैं... आप बनिये प्रोड्यूसर और हम बनते हैं हीरो... और अपनी फ़िल्म होगी हिट... सुपर हिट... सुपर डुपर हिट।

चोर 1 : लगता है... तुझे फिर से फ़िल्मोनिया का भूत सवार हो गया। ये तेरा आइडिया ठीक नहीं है। कुछ और सोच...।

चोर 2 : उस्ताद... आप नेता बन जाओ...।

चोर 1 : अबे... मैं नेता।

चोर 2 : और क्या... उस्ताद...।

चोर 1 : अबे... मैं चोर... मैं लुटेरा... मैं डकैत... बीसो क़त्ल करके बैठा हूँ। बीसों बार जेल हो आया हूँ। अबे मुझे कौन वोट देगा।

चोर 2 : बस-बस उस्ताद... आप में तो सारे गुण नेताओं के हैं आप अवगुणों की खान हो समझो नेता महान् हो... आपको कौन -सी सर्टिफिकेट की ज़रूरत है... अरे कौन-सी आपको नौकरी करनी है।

चोर 1 : नौकरी...।

चोर 2 : हाँ उस्ताद... नौकरी के लिए सर्टिफिकेट की आवश्यकता होती है। लेकिन नेता बनने के लिए कोई सर्टिफिकेट की आवश्यकता नहीं होती।

चोर 1 : हाँ... ये बात तू ठीक कह रहा है।

चोर 2 : अरे उस्ताद... जो देश चलाने जा रहा है... उससे कोई सर्टिफिकेट नहीं माँगता। मगर एक छोटी-सी नौकरी के लिए उससे कहा जाता है कि करेक्टर सर्टिफिकेट लाओ... पुलिस वेरिफिकेशन कराओ... तब जाके घूस के साथ...

एक छोटी सी नौकरी मिलती है। वो भी चपरासी की...।

चोर 1 : ठीक है... ठीक है...। पहले गठरी तो खोल...।

चोर 2 : जी... उस्ताद...।

(चोर 1 गठरी जैसा ही खोलना शुरू करता है। वैसे ही चोर 2 पहले चोर को मना करता है)

चोर 2 : उस्ताद रुकिये... इस गठरी को पहले नमन करते हैं यानी पूजा करते हैं... क्योंकि गठरी हमारी भाग्य विधाता है... इस लक्ष्मी को प्रणाम करते हैं। *(गठरी के चारों ओर घूम कर पूजा करते हैं बैक ग्राउण्ड से आरती की ध्वनि बजती है)*

जय लक्ष्मी मैया... मैया जय लक्ष्मी मैया...।

दुख दरिदर मिट जाय... जय लक्ष्मी मैया...।

भाग्य हमारे खुल गये... गठरी देखो भइया...।

जय लक्ष्मी मैया... मैया जय लक्ष्मी मैया...।

चोर 1 : खोल...।

चोर 2 : नहीं...।

चोर 1 : अबे... मैं कहता हूँ खोल...।

चोर 2 : क्या...।

चोर 1 : गठरी...।

चोर 2 : तो ऐसे कहिये ना... गठरी खोल...।

(दोनों ख़ुशी से गठरी खोलने लगते हैं और उसमें से ज्योतिषों का सामान निकलता है जैसे किताबें, दूरबीन व कुछ अन्य सामान निकलता है। दोनों उदास होकर बैठ जाते हैं और गठरी के सामानों को देखते रहते हैं)

चोर 1 : खोदा पहाड़...।

चोर 2 : निकली चुहिया...।

चोर 1 : अब क्या करें... फेंक दें।

चोर 2 : अरे नहीं गुरु जी... कुछ सोचते हैं।

चोर 1 : अब तू ही सोच...।

चोर 2 : *(सोचते हुए)* गुरु... क्यों न हम लोग ज्योतिषी बन जायें... आप बनिये उदई महाराज...।

चोर 1 : और तुम भाड महाराज... ठीक है न...।

चोर 2 : हाँ उस्ताद... मैं कलाकार हूँ... मैं सब-कुछ कर लेता हूँ।

चोर 1 : मुझे भी थोड़ा बहुत आता है क्योंकि मैंने कुछ दिनों तक एक ज्योतिष के यहाँ काम किया था... तो ठीक है...

चोर 2 : इन्हीं समानो से दुकान लगाते हैं।

चोर 1 : हाँ... हाँ...।

(गठरी में से कुछ समान व एक बैनर मिलता है जिस पर कुछ लिखा रहता है... जैसे ही दोनों बैनर को लगाने की तैयारी करते हैं बैक ग्राउण्ड से बिगुल बजता है। फिर दोनों तेज़ी से दुकान सजाने लगते हैं। फिर पहला चोर दूसरे चोर को दुकान अच्छी तरह लगाने को कहते हुए चला जाता है) तू यहाँ पर अपनी दुकान को अच्छी तरह से व्यवस्थित कर और मैं अन्दर का माहौल देखकर आता हूँ...।

चोर 2 : किसी ऐसे वैसे चक्कर में न पड़ जाना... नहीं तो लेने के देने पड़ जायेंगे...।

चोर 1 : अबे... उस्ताद मैं हूँ कि तू...।

चोर 2 : उस्ताद तो आप ही हैं... मैं तो आप का हूँ...।

चोर 1 : तो ठीक है... ऐसा कर तू यहाँ की व्यवस्था कर और मैं अन्दर की व्यवस्था देख समझ कर आता हूँ...।

(पहला चोर अन्दर चला जाता है और दूसरा चोर गठरी के समानों को उलट-पलट कर देखते हुए सभी वस्तुओं को व्यवस्थित करता है)

चोर 2 : हूँ...। अरे ये क्या है किताबें... ओ हो हस्तरेखा विज्ञान *(बारी-बारी से किताबों को देखता है)* बाप-रे-बाप...

कपाल सिद्धि... समुद्र शास्त्र... दूरबीन... भविष्य जाननेवाला दूरबीन... जरा मैं भी तो अपना भविष्य देखूँ... आह... क्या बात... ओये... ओये... क्या बात है... इसमें गाड़ी बँगला नौकर चाकर... मैं सुपर स्टार... मुझको ये सब-कुछ नहीं करना... मुझे तो हीरो बनना है (ख़ुशी से पागल होकर नाचने लगता है तभी उस्ताद का ध्यान आता है) उस्ताद को गये काफ़ी देर हो गया... और उनका अता-पता ही नहीं है... *(सोचते हुए)* अरे हाँ... कहीं ऐसा न हो कि ससुरालवाले मिल गये हों और वो सेण्ट्रल ससुराल पहुँच गये हों... अच्छा हुआ... जो हम साथ नहीं गये... वरना हम भी सेण्ट्रल ससुराल पहुँच गये होते... और ससुर जी हम लोगों की सेवा कर रहे होते... अरे... पिपिया कर रख देते...। *(जैसे पुलिस पिटायी कर रही है और दूसरा चोर मार खाने का अभिनय करता है)* अरे बाप रे... आय बाप रे... मत मारिये... मर जाऊँगा... छोड़ दीजिये साहब... मैंने चोरी नहीं की... मैं सच कह रहा हूँ... मैने चोरी नहीं की है... अरे बाप रे... मत मारें साहब... आय बाप रे... मर जाऊँगा...। *(पहला चोर दरवाज़े पर खड़ा होकर दूसरे चोर की हरकतों को देखता रहता है फिर धीरे-धीरे दूसरे चोर के क़रीब आता है और पहला चोर अन्दर से आते समय गेरूवा वस्त्र धारण कर लेता है जिसे देखकर दूसरा चोर घबरा जाता है और यहीं से शुरुआत होता है गुरु और चेला के रूप में।)*

गुरु : *(प्रवेश)* अबे... अबे ये क्या कर रहा है...।

चेला : (घबराते हुए) कुछ नहीं... कुछ नहीं... मैंने कुछ नहीं किया है...।

गुरु : कुछ नहीं किया है...। क्या मतलब...

चोर 2 : मैं तो ज्योतिषी महाराज से मिलने आया...।

गुरु : तो मिलते क्यों नहीं...। कहाँ जा रहे हो...।

चोर 2 : कहाँ जा रहे हो...? कहीं तो नहीं जा रहे हैं।

गुरु : अबे... क्यों बहकी-बहकी बातें कर रहा है...।

चोर 2 : *(घबराये हुए)* जी...मैं...मैं...।

गुरु : में... में... क्या कर रहा है लगता है पहचाना नहीं...

चोर 2 : आप...कौन...।

गुरु : अबे... मैं तेरा उस्ताद... पहचाना...।

चोर 2 : अरे उस्ताद आप... मैं तो डर ही गया था।

गुरु : ठीक है... देखो मैंने अन्दर जाकर सब-कुछ अच्छी तरह से देख लिया है...

चोर 2 : अच्छा उस्ताद...।

गुरु : अन्दर ज्योतिषयों वाला कपड़ा है... जैसे मैंने अपना कपड़ा बदल लिया है वैसे तू भी अपना कपड़ा बदल ले...।

चोर 2 : जी उस्ताद...।

गुरु : जैसे मैं तुम्हारे उस्ताद से ज्योतिष गुरु बन गया हूँ... वैसे तुम भी अन्दर जाओ और कपड़े बदल कर मेरा चेला बन कर आओ समझे...।

चोर 2 : समझ गये उस्ताद... । और ये गया और वो आया... *(अन्दर जाने लगता है)*

गुरु : अरे रुक-रुक... पहले पूरी बात तो सुनता जा...।

चोर 2 : हाँ उस्ताद...।

गुरु : ऐसा करो तुम भी अन्दर जाकर देख समझ लो... फिर जैसा कहता जाऊँगा... तुम वैसा करते जाना...।

चोर 2 : ठीक है उस्ताद...।

गुरु : अबे... अब उस्ताद नहीं गुरु बोल...।

चोर 2 : हाँ... हाँ... गुरु जी... ये आँधी की तरह गया और तूफ़ान की तरह आया...।

गुरु : अबे रुक... आँधी की तरह गया और तूफ़ान की तरह आया... पूरी बात सुना नहीं और भगा...।

चोर 2 : बोलिये...।

गुरु : अन्दर कमरे के बायें कोने में केसरयिा रंग का कपड़ा है और ठीक दूसरे कोने पर हरे रंग का कपड़ा है और बिलकुल बीच में सफ़ेद रंग का कपड़ा है... उन सभी के बग़ल में जो भी समान रखा है... जैसे-जैसे मैं कहता जाऊँगा...। वैसे-वैसे तुम लेते आना... समझ गये ना...।

चोर 2 : हाँ... हाँ समझ गया...।

गुरु : तो अब खड़ा क्यों है... जाता क्यों नहीं।

चोर 2 : ये गया... । *(एक ही स्थान पर हवा की तरह गोल गोल नाचने लगता है और तेजी से भाग जाता है। और गुरु जोर से हँसने लगता है)*

गुरु : *(सभी चीजों को गौर से देखता है और समझने की कोशिश करता है)* हाँ... ये रहा ज्योतिष ज्ञान की किताब और ये रहा भविष्य जाननेवाला दूरबीन... आय... है... है.... वाह मजा आ गया... अरे इसमें तो भूत भविष्य और वर्तमान तीनों दिखायी पड़ रहा है... अरे ये क्या... इसमें तो अपना भविष्य दिख रहा है ये क्या हो रहा है... भविष्य देख रहा हूँ कि हक़ीकत... *(घबराये हुए दूरबीन में पुलिस आती हुई दिखायी पड़ती है।)*

(पुलिस का प्रवेश)

पुलिस : *(बड़ी रौब से इधर-उधर देखते हुए प्रवेश करता है)* छोड़ूँगा नहीं साले को... कब तक मेरे हाथों से बचते रहोगे... जिस तरह से तुम दोनों ने लोगों का जीना हराम कर रखा है... ठीक उसी तरह से मैं भी इन दोनों का जीना हराम कर दूँगा...।

गुरु : *(दूरबीन से पुलिस को देखने के बाद भागने की कोशिश करता है)* लगता है... मैं फिर फँसा... भागो... *(जैसे ही भागने को होता है वैसे ही पुलिस आ जाती है)*

पुलिस : ज्योतिषी महाराज... कहाँ जा रहे हैं...।

गुरु : कहाँ जा रहे हैं... कहीं तो नहीं जा रहा हूँ...। *(अपने मन-ही-मन बात करता है)* लगता है मुझे पहचाना नहीं...।

पुलिस : महाराज... ज़रा मेरा भी हाथ देखिये...।

गुरु : हाँ... हाँ...। ज़रूर देखूँगा... बैठ जाओ।

पुलिस : देखिये क्या... चक्कर है।

गुरु : *(हाथ देखते हुए)* बच्चा... तुमने बहुत खाया है गच्चा।

पुलिस : अरे वाह महाराज... आप तो एकदम ठीक बता रहे हैं...।

गुरु : अरे... तुमको दो चोरों ने है ठगा। बात मैं सही बता रहा हूँ ना।

पुलिस : हाँ... हाँ... महाराज। आप एकदम सही बता रहे हैं।

गुरु : लेकिन वो दोनों पकड़ से बहुत दूर है।

पुलिस : ठीक कह रहे है महराज...।

गुरु : तुम्हारे सामने होते हुए भी तुम नहीं पहचान पाये। तुम्हारे जीवन में वो दोनों राहू केतू की तरह कुण्डली मार कर बैठा है उस पर सूर्य में शनि विराजमान है।

पुलिस : कोई उपाय...।

गुरु : उपाय है...एक ताबीज़ पहननी पड़ेगी...।

पुलिस : तो दीजिये ताबीज़...।

गुरु : पाँच सौ एक रुपया लगेगा...।

पुलिस : फिर...वो दोनों पकड़ जायेगे...।

गुरु : हाँ...हाँ...तुम आज ही पहन कर देखो...अगले साल...आज ही के दिन...आज ही के समय...वे तेरे सामने होंगे

पुलिस : फिर आज ही दीजिये और पाँच सौ एक लीजिये।

गुरु : लाओ और ये लो पहनो...भगवान् तुम्हारा कल्याण करे।

पुलिस : अच्छा महाराज...।

(पुलिसवाला ख़ुशी में नाचता हुआ चला जाता है)

गुरु : अरे वाह...पुलिसवाले लोगों को ठगते हैं और मैंने पुलिसवा को ही ठग लिया...इसको तो गये काफ़ी देर हो ग है...*(ज़ोर से आवाज़ लगाते हुए)* अबे कहाँ म गया...आयँ...इतनी देर लगा रहा है।

चेला : आया...आया...गुरु जी...।

गुरु : क्यों बे...इतनी देर क्यों लगा रहा था...मैंने तुझसे कहा था ना कि जल्दी वापस आना...आयँ...आख़िर तू वहाँ इत देर कर क्या कर रहा था।

चेला : झाँक रहा था।

गुरु : झाँक रहा था...आख़िर क्या झाँक रहा था तू...।

चेला : *(आँहें भरते हुए)* आये...हाये...आ...हा...। पूछो मत गुर

गुरु : अरे बतायेगा भी क्या था।

चेला : बता दूँ...।

गुरु : *(उत्सुकता से)* हाँ...हाँ...बता।

चेला : *(शर्माते हुए अन्दाज़ में)* नहीं...।

गुरु : क्यों...अब क्या हुआ।

चेला : *(शर्मा कर)* नहीं...मुझे...मुझे...तो...।

गुरु : *(मारने के अन्दाज़ में)* अबे...बतायेगा या फिर दूँ...।

चेला : *(नाराज़ होकर जाने लगता है)* मैं कुछ नहीं बताऊँगा...आ तो मारने लगते हैं...कुछ नहीं बताऊँगा...।

गुरु : *(प्यार से बुलाकर कहता है)* अच्छा नहीं मारूँगा...सु तुम हमारे कितने अच्छे दोस्त हो ना...।

चेला : *(गर्दन हिला कर)* हाँ...।

गुरु : अच्छा...ये तो बता...तू देख क्या रहा था।

चेला : मारेंगे तो नहीं।

गुरु : नहीं...नहीं...बिल्कुल नहीं मारूँगा...अच्छा अब बता दो

चेला : गुरु जी...अन्दर से जो सामनेवाली खिड़की दिखायी देती ना।

गुरु : हाँ...।

चेला : उसमें...आ...हा...।

गुरु : *(ख़ुश होकर)* हाँ...हाँ...। आगे...आगे बोल...।

चेला : *(आश्चर्य भाव से)* एक लड़की...।

गुरु : हाँ लड़की...*(ख़ुश होकर)* फिर आगे क्या हुआ।

चेला : एक लड़का।

गुरु : लड़का...फिर।

चेला : फिर...क्या।

गुरु : फिर क्या हुआ...।

चेला : आय...हाय...कितना मधुर बन्धन...।

गुरु : *(ख़ुश होकर)* बन्धन...अबे जल्दी बताओ...फिर आगे क्या हुआ।

चेला : लड़की ने लड़के का पकड़ा...हाथ *(धीरे से बोलता है।)*

गुरु : पकड़ा...अरे ग़ज़ब...फिर...।

चेला : *(भाव विभोर होकर)* आय...हाय...कितना सुन्दर दृश्य।

गुरु : *(क्रोधित होकर)* अबे...आगे भी कुछ बोलेगा...कि बस आह...ऊँह...करता ही रहेगा।

चेला : *(दुःखी भाव से)* नहीं...मैं कुछ नहीं बोलूँगा...आप तो मुझे बस डॉटते रहते है...मैं कुछ नहीं बोलूँगा...।

गुरु : नहीं...नहीं...मैं नहीं डाटूँगा।

चेला : नहीं...नहीं...आप डाटेंगे।

गुरु : नहीं डाटूँगा...कह तो दिया न...अच्छा आगे बोल।

चेला : अब नहीं डाटियेगा...नहीं तो मैं कुछ नहीं बोलूँगा।

गुरु : मैं ऐसी ग़लती कभी नहीं करूँगा...जो तुझे डाटूँ।

चेला : तो आगे सुनिये...लड़की ने अपना पर्स खोला और उसमें से निकाला...और फिर...।

गुरु : फिर...।

चेला : फिर...।

गुरु : *(रोमाण्टिक भाव में उत्सुकता से)* फिर...आगे क्या हुआ...।

चेला : *(भाई बहन के पवित्र प्रेम की अनुभूति करते हुए)* आगे क्या हुआ...आह...आह...।

गुरु : *(मन-ही-मन क्रोधित होता है)* अबे...आगे भी बोल...।

चेला : आह...आह...लड़की ने लड़के के कलाई पर अपने स्नेह और पवित्र प्रेम की राखी बाँध दी...।

गुरु : *(मारते हुए)* अबे नालायक...इतनी छोटी-सी बात को तूने तिल का ताड़ बना दिया और मैं न जाने क्या...क्या सोच बैठा।

चेला : मैंने क्या किया गुरु जी...मैं तो उस भाई-बहन के पवित्र रिश्ते के बारे में बता रहा था। और आप हैं कि न जाने क्या...क्या सोच बैठे...अरे आप क्या...ये जो सामने बैठे हैं ये भी न जाने क्या...क्या सोच बैठे...ये क्या सारी दुनिया ही ऐसा सोचती है।

गुरु : *(झेप खाते हुए)* चुप...फालतू बात करता है...।

चेला : *(दु:खी भाव से)* भाई बहन के पवित्र प्यार को देखकर...मुझे अपनी बहन याद आ गयी...जब मैं छोटा था तो मेरे गाँव में कुछ आतंकवादी घुस आये और मेरी माँ और बहन को गोलियों से छलनी कर दिया (रोते हुए) तब से लेकर आज तक मेरी ये कलाई सूनी पड़ी है...ये आतंकवादी क्यों नहीं समझते कि जैसे मैं अपनी माँ बहन से हमेशा के लिए जुदा हो गया...वैसे ही वो भी कभी माँ...बहन और अपने रिश्तेदारों से जुदा हो सकते हैं...अरे हर मरने वाला कोई-न-कोई किसी की बीवी होगी किसी की माँ होगी किसी की बहन होगी कोई किसी का भाई होगा...क्यों...क्यों नहीं इस नफ़रत की आग को ख़त्म कर देते...और एक आप हैं कि न जाने क्या...क्या सोचते रहते हैं।

गुरु : *(अपनी ग़लतियों को मन-ही-मन मानते हुए)* ठीक है ठीक...सब तेरी वजह से होता है....ग़लती भी करेगा और भाषण भी देगा...ये ले चवन्नी और जा जल्दी से गरमागरम चाय ले आ।

चेला : जी गुरु जी...अभी लाता हूँ गरमागरम चाय आप के लिए...*(जाने लगता है फिर पलटता है)* चाय...न बाबा न...मैं नहीं जाऊँगा।

गुरु : क्यों नहीं जायेगा...।

चेला : मैं तो नहीं जाऊँगा।

गुरु : अरे...अभी तो अच्छा भला इन्सान था...अब तुझे क्या हो गया...अबे जा जल्दी से चाय ले आ।

चेला : देखो गुरु जी...जो ग़लती होनी थी...वो तो हो चुकी...अब दोबारा मैं ग़लती नहीं करूँगा...मैं तो नहीं जाऊँगा।

गुरु : जायेगा भी या उतारूँ।

चेला : क्या *(चौंक कर आश्चर्य से)* अरे गुरु जी आपको हो क्या गया है...मुझको तो सुनते हुए भी शर्म आ रही है...और आप हैं कि...।

गुरु : ओफ...। तू तो मुझे पागल बना कर ही छोड़ेगा...अबे मैं तो अपनी चप्पल उतारने की बात कर रहा हूँ समझे...अब सीधी तरह से जाता है कि लगाऊँ दो चार...बेवकूफ़ कहीं का।

चेला : देखिये गुरु जी...मैं आपको साफ़-साफ़ बता दे रहा हूँ...चाय तो मैं ले आऊँगा...लेकिन अगर आपको कुछ *(गर्भवती महिला की तरह पेट दिखाकर उल्टी करने का अभिनय करते हुए)* ये हो गया तो आप मुझसे कुछ न कहियेगा हाँ...।

गुरु : अबे चुप...तूने मुझे समझ क्या रखा है...अबे मुझे वो क्यों होने लगा...मैं थोड़े ही वो हूँ।

चेला : देखो गुरु जी...मामला बहुत टेढ़ा है...बात ये है कि मुम्बई में जो बम विस्फोट हुआ था न।

गुरु : हाँ...।

चेला : महाराष्ट्र में भूकम्प आया और वहाँ प्लेग फैला।

गुरु : तो...?

चेला : बात ऐसी है कि इस सब की वजह से उधर काम धन्धे की बहुत मारा-मारी है सब लोग इधर की ओर भाग रहे हैं।

गुरु : तो मैं क्या करूँ *(झल्लाते हुए)* जा चाय ले आ। कामचोर कहीं का...।

चेला : मैं तो नहीं जाऊँगा...पहले मेरी बात तो सुनिये तब जाऊँगा।

गुरु : अच्छा ठीक है बोल...।

चेला : मुम्बई में बम विस्फोट होने से कलाकारों को फ़िल्मों में काम नहीं मिल रहा।

गुरु : हाँ...सुना तो मैंने भी...कि जो बम विस्फोट हुआ था उसमें कुछ नेताओं और अभिनेताओं का हाथ था।

चेला : हाँ गुरु जी...एक तो जेल में भी था और कुछ लोग राजनीतिक दाँव-पेंच लगवाकर छूट गये और जो बच गये वो प्लेग की चपेट में आ गये और जो कुछ इन सब से बच गये।

गुरु : पर मुझे इन बातों से क्या लेना देना है...तू बस जा और गरमागरम चाय लेकर आ।

चेला : मैं न जाऊँगा।

गुरु : अबे फिर तूने नौटंकी मचायी...मैं कहता हूँ जाता है कि नहीं...*(चेला को धक्का देता है और वह कुछ दूर तक चला जाता है फिर लौट कर आता है)*

चेला : अरे गुरु जी...पहले मेरी बतिया तो सुनिये...मैं कह रहा था कि जो बच गये...उन्होंने बाजू में आकर चाय की दुकान खोल ली।

गुरु : *(आश्चर्य से)* अच्छा...।

चेला : अगर कोई ग्राहक भूले भटके उधर से गुजर गया तो उस ग्राहक को लेकर आपस में इतना खींचातानी करते हैं कि ग्राहक बेचारा अधमरा हो जाता है।

गुरु : *(ज़ोर से हँसने लगता है)* हाँ...हाँ...हाँ...वो कैसे...।

चेला : ये लो...अब ये भी बताये...वो ऐसे...।

(बैक ग्राउण्ड से चायवाले दुकानदार की आवाज़ आती है...चाय...चाय...गरमागरम चाय...चायवाला...चाय ले लो भाई...गरमागरम चाय)

चेला : *(दुकानदारों द्वारा ग्राहकों का खींचातानी का मूक अभिनय करता है)*

गुरु : *(हँसते हुए)* बस...बस...अच्छा जा...अपनी पुरानी दुकान से चाय ले आ।

चेला : मैं तो वहाँ कभी नहीं जाऊँगा।

गुरु : अबे...अब क्यों नहीं जायेगा।

चेला : गुरु जी...आप ओ करने लगेंगे।

गुरु : अबे...अबे तूने तो पागल बना दिया *(बाल नोचते हुए)* मैं बहुत देर से बर्दाश्त कर रहा हूँ।

चेला : देखो गुरु जी पागल या सरेक ऊपरवाला बनाता है...मैं किसी को क्या बनाऊँगा...वैसे भी मैंने किया क्या है।

गुरु : अरे नालायक तूने क्या नहीं किया...कितनी देर से ओ...ओ कर रहा है *(गर्भवती महिला की तरह पेट की ओर हाथ से फुलाने का अभिनय करते हुए बताते हुए कहता है)* तुझे ज़रा-सा भी मान-मर्यादा का ध्यान नहीं है...देख...देख सामने देख...सभी अपने लोग बैठे हैं...कोई माँ है कोई बहन है तुझे ज़रा-सा भी लाज शर्म नहीं है तू लगातार हरकतें करता जा रहा है *(डाँटते हुए)* जा जल्दी से चाय ले आ।

चेला : मैं तो न जाऊँगा।

गुरु : क्यों नहीं जायेगा।

चेला : पहले मेरी बात तो सुनिये।

गुरु : बोल...।

चेला : *(दर्शकों की ओर दिखाते हुए)* अरे गुरु जी...उधर देखिये...वो सामने लाल कमीजवाला है ना।

गुरु : हाँ...।

चेला : उसके पीछे सफ़ेद रंग का शर्ट पहने हुए है...उसके ठीक बग़ल में हरे रंग का शर्टवाला है...।

गुरु : वो हरावाला...।

चेला : अरे नहीं...वो...।

गुरु : अच्छा वो...पीलेवाले के पीछेवाला...।

चेला : नहीं गुरु जी वो नहीं...वो।

गुरु : अच्छा...अच्छा रहने दो...लाल, पीला, हरा, सफ़ेद किये पड़ा है...जो बात बतानी हो...उसे साफ़-साफ़ बता।

चेला : सब उसी के वजह से गड़बड़ हुआ है।

गुरु : जो कुछ कहना है जल्दी कह...लोग न जाने क्या-क्या सोच रहे होंगे।

चेला : जब मैं पिछली बार उसकी दुकान से चाय ले रहा था...तो उसी समय चाय में एक मक्खी स्वीमिंग पूल समझकर कूद पड़ी...तो मैंने कहा कि ये चाय मैं नहीं लूँगा।

गुरु : तो फिर...।

चेला : बताता हूँ...बताता हूँ...चायवाला चाय से मक्खी निकालता है और नींबू की तरह निचोड़ते हुए कहता है *(नींबू की तरह निचोड़ने का अभिनय करता है)* अबे चवन्नी में मक्खीवाली नहीं तो क्या हाथी घोड़ेवाली चाय लेगा...और उसने मक्खीवाली चाय देते हुए कहा...जा ले जा और दे दे...।

गुरु : तो तूने मुझे मक्खीवाली चाय पिला दी...*(ओ...ओ...करके उल्टी करने का अभिनय करता है)*

चेला : देखा न...मैं इसीलिए नहीं बता रहा था...मैं जानता था...मैं जानता था कि आप उल्टी करने लगेंगे...इसीलिए नहीं बता रहा था...आप तो बस रट लगाये हुए थे...।

गुरु : बकवास बन्द कर...जा जल्दी से शुद्ध पानी ले आ।

चेला : पानी...अभी लेकर आता हूँ *(जैसे पानी लेने जाता है कुछ सोचते हुए वापस आता है)* शुद्ध पानी कहाँ से लाऊँ।

गुरु : अबे कहीं से ला...अरे नल से ला...कुएँ से ला...नदी से ला...पर जल्दी से ला।

चेला : अरे गुरु जी...शहर की जितनी गन्दनी है उसे नदी में बहा दिया जाता है...फिर वही पानी नलों में आता है...शुद्ध पानी कहाँ से लाऊँ *(हाथों से शराब की बोतल लाने का इशारा करता है)* ये चलेगा...।

गुरु : ये चलेगा नहीं दौड़ेगा...जा जल्दी से ले आ।

चेला : अभी लाया *(बोतल लेकर तुरन्त वापस आता है)* ये लीजिये।

गुरु : *(पीने के बाद)* अबे उल्लू...जब जानता था तो पहले क्यों नहीं बताया...ला वापस कर चवन्नी...मुझे नहीं पीनी है चाय...वाय।

चेला : ये लीजिये गुरु जी...*(पैसा वापस करता है)*

गुरु : अच्छा सुन...जा पान ले आ और बाक़ी पैसे भी लेते आना। *(चेला चला जाता है)*

(व्यक्ति का प्रवेश)

व्यक्ति : *(अन्दर आते हुए)* महाराज...आप ही का नाम सुखराम उर्फ खाऊमल जी है...।

गुरु : हाँ...कहिये क्या बात है।

व्यक्ति : अरे महाराज...जब मैं इधर आ रहा था...तो रास्ते में मल्लन की घरवाली है ना फूलन...।

गुरु : फूलन...किस फूलन की बात कर रहे हो...कहीं बीहड़ जंगलोंवाली या बैण्डिट क्वीनवाली...।

व्यक्ति : अरे महाराज...मैंने फूलन का क्या नाम लिया...और आप तो ऐसा चौंक पड़े जैसे लोग फ़िल्म शोले में गब्बर सिंह के नाम से चौंक पड़ते हैं और डर के मारे थरथराने लगते हैं।

गुरु : अरे मैं क्या...कल तक तो फूलन के नाम से सभी खड़बड़ा जाते थे और एक समय ऐसा था कि पुलिस उसको ढूँढ़ती फिरती थी और बाद में वही पुलिस उसकी हुकूमत पर चलती थी।

व्यक्ति : हूँ...ये बात तो है...।

गुरु : नेता हो या अभिनेता या फिर और कोई...कोई राजनीति में लाने के लिए परेशान था...तो कोई फ़िल्म बनाने के लिए...देश की समस्या सुलझाने के लिए कोई नहीं परेशाम था...यही हमारे देश का दुर्भाग्य है।

व्यक्ति : ठीक कहते हैं...समाज के भूखे भेड़ियों को बस एक भी मैटर मिल भर जाये। चाहे वह नारी शोषण हो या नारी उन्मूलन हो या दहेज़ का...बस चौराहे पर खड़े होकर लम्बे-लम्बे भाषण दे डालते हैं...लेकिन महाराज मैं अपने पड़ोस की फूलन की बात कर रहा था...जो फूल बेंचती है।

गुरु : तो ऐसे कहो ना...फूलन फूलवाली।

व्यक्ति : तो हाँ...*(लोटे में गाय का दूध देते हुए)* ये लीजिये महाराज...बोली थी इसको खाऊमल जी को दे देना।

गुरु : ये क्या है? कहीं ये वो तो नहीं।

व्यक्ति : अरे नहीं महाराज...ये वो नहीं है।

गुरु : मैं तो समझ रहा था कि कहीं देशी या विलायती तो नहीं।

व्यक्ति : अरे नहीं गुरु जी...।

गुरु : क्यों...उनके यहाँ कोई पूजा पाठ था क्या।

व्यक्ति : ये तो मैं नहीं जानता...लेकिन आप को बुलाया है।

गुरु : हाँ...लाओ। पर ये आधा ही लोटा क्यों...।

व्यक्ति : गुरु जी...बात ये है कि जिस लोटे में भेजा था...उसके पेंदे में छेद था।

गुरु : अरे लोटे को पलट कर देख लेना था।

व्यक्ति : अरे गुरु जी...क्या बात कर रहे हैं...लोटे को पलटता तो गिर न पड़ता।

गुरु : हाँ...ये तू ठीक कह रहा है...पर ये लोटा है बहुत गन्दा।

व्यक्ति : गन्दा...अरे गुरु जी गन्दगी की बात करते है...जो चीज़ बाहर से जितनी गन्दी लगती है...वह चीज़ अन्दर से उतनी ही अच्छी लगती है।

गुरु : वो कैसे...।

व्यक्ति : वो ऐसे...जैसे सच और झूठ।

गुरु : सच और झूठ।

व्यक्ति : हाँ गुरु जी...जैसे सच सुनने में जितना कड़वा लगता है...झूठ सुनने में उतना ही मधुर लगता है।

गुरु : हाँ...हाँ...ये तू ठीक कह रहा है।

व्यक्ति : देखिये ना...अपने देश के कर्णधार लोगों को...झूठ-पर-झूठ बोलते चले जाते है...और सच का लिबास ओढ़े हुए हैं।

गुरु : *(गर्दन हिलाकर)* हाँ...।

व्यक्ति : भोली भाली जनता जिसको आदर्शवादी, सत्यवादी, न्यायवादी समझती है...और सत्ता की बागडोर जिसके हाथ में देती

है...वही इस देश की लुटिया डुबो देता है।

गुरु : हाँ...देखो न। किसी तरह चुनाव जीत-जीत कर पहुँचे भी तो आपस में ही लड़े जा रहे हैं...अरे मैं तो कहता हूँ...ये सब एक ही थाली के चट्टे बट्टे हैं।

व्यक्ति : अरे गुरु जी...ये तो फिर भी ठीक है...मगर जो दिल्ली पहुँचे...उनका क्या कहना...आय...आय...। बड़ी छीछालेदर...।

गुरु : क्यों...क्या हुआ।

व्यक्ति : अरे गुरु जी...वहाँ तो एक से बढ़कर एक रावण।

गुरु : रावण...।

व्यक्ति : अहिरावण...।

गुरु : अहिरावण...।

व्यक्ति : महारावण...अरे महाराज जो कोई कुर्सी पर बैठता है वही समझता है...कि ये कुर्सी उसके बाप की है...।

गुरु : हाँ...ये बात तो है।

व्यक्ति : देखिये ना...एक से बढ़कर एक घोटाला...यूरिया घोटाला, टेलीफ़ोन घोटाला, वर्दी घोटाला, कोयला घोटाला, चारा घोटाला और न जाने कौन-कौन-से घोटाले होंगे।

गुरु : सही बात कह रहे हो...।

व्यक्ति : मैं तो कहता हूँ कि जनता को चाहिये कि इन सब को सुधारने के लिए एक साथ मिल कर इनका विरोध करना चाहिये...इन लोगों को ऐसा सबक सिखाना चाहिये कि...ये जीवन में कोई भी घोटाला...कोई भी गैरक़ानूनी काम हो...इन सब का नाम लेना भी भूल जायें।

गुरु : *(सिर हिलाते हुए)* हूँ...।

व्यक्ति : ये सब...अगर देश और जनता की सेवा करना चाहते हैं ना...तब क्यों पार्टी की लड़ाई लड़ते है...वो उसकी पार्टी व काम की बुराई करेगा और दूसरा दूसरी पार्टी के नाम और

काम की बुराई करेगा।

गुरु : जब सब का उद्देश्य देश और समाज की सेवा करना है तो क्यों सही काम या सही प्रस्ताव पर लड़ते हैं।

व्यक्ति : इनको देश समाज से कोई मतलब नहीं...बस हर पाँच-पाँच साल पर जनता को बेवकूफ़ बनाते रहे और सफ़ेद वर्दी के आँड़ में गुण्डई करते रहो और जेब भरते रहो।

गुरु : समय बदल रहा है जनता बहुत जागरूक हो गयी है। ऐसे काम नहीं चलेगा अब काम करना होगा...वरना जनता अच्छी तरह समझा देगी...हाँ।

व्यक्ति : तभी देश का भला होगा।

गुरु : सब का साथ सब का विकास...।

व्यक्ति : सही कह रहे है महाराज...अच्छा गुरु जी ...आज्ञा हो तो चलूँ।

गुरु : अच्छा...मैं जब उधर जाऊँगा...तो मिल लूँगा।

व्यक्ति : *(जाते हुए)* जी...अच्छा प्रणाम।

गुरु : प्रणाम...।

(चेला का प्रवेश)

चेला : *(पान लेकर वापस आता है)* ये लीजिये गुरु जी।

गुरु : हाँ...ला। अरे इसमें तो एक ही पान है...पैसे तो दो पान के दिये थे। बाक़ी पैसा कहाँ है...।

चेला : एक ही पान दिया है...और कहा कि बाक़ी पैसा बाद में ले लेना।

गुरु : आजवाले पैसे का क्या हुआ।

चेला : आजवाले पैसे का कल देगा और कलवाले का परसों और परसोंवाले का नरसों और नरसोंवाले का तरसों और तरसोंवाले का...।

गुरु : बस...बस...रहने दे। तुझसे तो बाज़ आये। देख जैसा मैंने तुझे समझाया था...उसको तू अच्छे से देख समझ ले...वरना तू ज़रूर कुछ-न-कुछ ग़लतियाँ करेगा...समझा।

चेला : अरे गुरु जी...मुझसे तो कभी ग़लतियाँ हो ही नहीं सकतीं।

गुरु : ग़लतियाँ भी करता है और कहता है कि मुझसे ग़लतियाँ हो ही नहीं सकती...अच्छा...अच्छा चल जा।

चेला : आप तो मुझे डाँटते ही रहते हैं।

गुरु : डाँटू नहीं तो क्या प्यार करूँ।

चेला : प्यार...आह...आह...वाह क्या बात है...और गुरु जी आप के मुँह से प्यार शब्द सुनकर...मैं आज धन्य हो गया।

गुरु : क्या कहा...।

चेला : आज हमारे इस भारत वर्ष के लोगों में अपनी मातृभूमि से प्यार हटता जा रहा है...इसलिए आज हर तरफ़ लूटपाट आगज़नी आपस में दुश्मनी लोग हिंसा पर उतारू होते जा रहे है।

गुरु : तू ठीक कह रहा है...आज हर व्यक्ति अपने निजी स्वार्थ को सिद्ध करने में लगा हुआ है समाज रूपी भेड़िये वोट के लिये मजहब के नाम पर धर्म के नाम पर जाति के नाम पर भोली भाली जनता को गुमराह करते हैं।

चेला : हिन्दू, मुस्लिम, सिक्ख, ईसाई को प्यार के मज़बूत धागे में बाँधने के बजाय आपस में लड़वाते है...ख़ून बहवाते है।

गुरु : अगर समाज के ठेकेदार अपनी निजी स्वार्थ की नीति का रास्ता नहीं बदलते तो जनता ख़ुद अपने देश का बागडोर अपने हाथों में ले लेगी...और अपनी मेहनत लगन से अपने राष्ट्र को धन-धान्य से भर देगी और तब ये नव भारत वर्ष फिर सोने की चिड़िया कहलायेगा।

चेला : आप ठीक कहते हैं...इसीलिए तो कहता हूँ कि आप किसी भी काम को करवाने के लिए मुझसे प्यार से कहा कीजिये।

गुरु : चुप रह...प्यार से कहा कीजिये...चल अच्छे से समझ ले वरना कुछ भी गड़बड़, सड़बड़ हुआ तो मैं तुझे नहीं छोड़ूँगा।

चेला : आप नहीं सुधरेंगे।

गुरु : क्या कहा...।

चेला : कुछ नहीं कुछ नहीं।

गुरु : ऐसा कर...तू अन्दर जा और अन्दर तख़्ते पर जो केसरिया रंग का कपड़ा रखा हुआ है उसके बग़ल में कुछ ताबीज़ रखी हुई है...उसे ले आ...।

चेला : ये गया और वो आया।

गुरु : जरा जल्दी आना...फिर झाँक-ताँक न करने लगना।

चेला : अरे गुरु जी...मैं कोई तकना-झकना हूँ। *(चेला तीन बार में साड़ी पेटीकोट और ब्लाउज के कपड़ा लाता है जो कि झण्डे के रंग का होता है यहाँ पर रंगों के साथ-साथ लोगों की सोच पर आघात करता है 1 केसरिया जो वीरता का प्रतीक है और 2 हरा जो सुख और समृद्धि का प्रतीक है 3 सफ़ेद जो शान्ति का सूचक है।)*

चेला : *(अन्दर से साड़ी लेकर आता है)* ये लो गुरु...ले आया।

गुरु : अबे...अबे... ये क्या उठा लाया...।

चेला : गुरु जी...आप ने जो मँगवाया था मैं वही तो लाया हूँ।

गुरु : अबे तू तो अपने घर की लाज उठा लाया...हमारे देश की लाज...आज भी अपनी मान-मर्यादा सभ्यता-संस्कृति परम्परा को समेटे हुए इसी में लिपटी हुई है विदेशियों की तरह नहीं है जो अपनी इज़्ज़त को बेआबरू बेपर्द करके छोड़ देते हैं...जा ले जा यहाँ से और जो ताबीज़ लाने को कहा था उसे लेकर जल्दी वापस आ...समझे।

चेला : जी अच्छा...। *(कहकर खड़ा होकर गुरु जी की तरफ़ एकटक देखता रहता है)*

गुरु : और कान खोलकर सुन ले...हरे रंग के कपड़े के बग़ल में कुछ नग रखा है उसे लेते आना।

चेला : जी...समझ गया।

गुरु : अब जा...खड़ा-खड़ा मेरा मुँह क्या ताक रहा है और जो बताया है उसे लेते आना...भूल मत जाना...। हरावाला...।

चेला : जी गुरु जी... *(सोचते हुए)* हाँ...नग के बग़ल में हरावाला लाना है।

गुरु : हे भगवान्...ऐसे लोगों को क्यों पैदा करता है जो लोगों पर बोझ बनें।

चेला : *(प्रवेश करते हुए)* बोझ...ठीक कहते हैं गुरु जी...आज इस भूमि पर बोझ बढ़ता ही जा रहा है...और लोगों ने जनसंख्या वृद्धि पर रोक लगाने के लिए ध्यान नहीं दिया...तो देश में बेरोज़गारी, भुखमरी, महामारी, अत्याचार, भ्रष्टाचार, हिंसा आतंक इतना बढ़ जायेगा...कि हमारी धरती माँ इस बोझ को ढोने के लायक ही नहीं रह जायेंगी।

गुरु : तू तो बड़ी ज्ञान की बातें करता है और काम दमड़ी भर का नहीं...मैंने जो कहा था उसे लाया।

चेला : जी गुरु जी...ये लीजिये ताबीज़...और ये रहा हरावाला कपड़ा *(कपड़ा देते हुए)*

गुरु : अरे...अरे...ये क्या उठा लाया।

चेला : आप ने हरावाला कपड़ा कहा था वही तो लाया हूँ।

गुरु : मैंने हरेवाले कपड़े के बग़ल में जो नग रखा है उसे लाने को कहा था।

चेला : तो ऐसे कहिये ना...कि नग लाना है।

गुरु : हे भगवान्...मैं कहता हूँ कुछ और ये करता है कुछ और...तू तो मुझे पागल बना देना।

चेला : मैं किसी को क्या पागल बनाऊँगा...आप तो सारा दोष मुझ पर ही लगाते हैं।

गुरु : अच्छा...। बातें तो बहुत अच्छी कर लेता है और काम की बात तेरी समझ में नहीं आती...क्यों।

चेला : कसम जूही चावला की, कसम श्रीदेवी की, कसम माधुरी दीक्षित की...मैं जो काम कर दूँगा...उसे कोई नहीं कर सकता।

गुरु : बस...बस...लगता है फिर तुझे फ़िल्मोनिया का भूत सवार हुआ...अब की बार ध्यान से सुन ले...आख़िरी मौक़ा दे रहा हूँ अगर तूने तनिक भी ग़लती की तो अबकी बार तेरी ख़ैर नहीं।

चेला : समझ गया...कहिये क्या करना है।

गुरु : अन्दर सफ़ेद रंग के कपड़े के बग़ल में वर्तमानिया, भूतिया, भविष्या लौंग रखा है...उसे अच्छी तरह से ले आ...देख खोलना नहीं।

चेला : ये क्या होता है।

गुरु : ये तू नहीं समझेगा।

चेला : बताइये न।

गुरु : सुन...इस लौंग के प्रयोग करने से जीवन में नयी क्रान्ति आ जायेगी...और हमारे जीवन को एक सार्थक दिशा मिल जायेगी। तभी हमारा भविष्य उज्ज्वल हो सकेगा।

चेला : ऐसा तब तो मैं भी लूँगा...क्योंकि मुझे भी स्टार बनना है...गुरु जी हमको भी दीजियेगा।

गुरु : अच्छा...अच्छा ...ठीक है...पहले ले तो आ...देख कोई लापरवाही नहीं करना।

चेला : अभी लेकर आता हूँ।

गुरु : *(वहीं रखी हुई चीज़ों व ताबीज़ों को देखते हुए कहता हैं)* हूँ...ये ठीक है...अरे इतनी देर क्यों लगा रहा है...*(ज़ोर से*

आवाज़ लगाकर कहता है) ज़रा जल्दी आना।

चेला : *(अन्दर से ही)* गुरु जी मिल नहीं रहा है।

गुरु : सफ़ेदवाले कपड़े के बग़ल में है समझे।

चेला : मिल गया गुरु जी *(ब्लाउज़ जैसा सफ़ेद कपड़ा लाता है)* ये लीजिये।

गुरु : हाँ लाओ...ये...ये क्या उठा लाया...जा ले जा...।

चेला : आप ने जो सफ़ेदवाला कपड़ा कहा था...वही तो लाया हूँ।

गुरु : अबे...मैंने ये नहीं मँगवाया था।

चेला : अभी-अभी आप ने सफ़ेदवाला कपड़ा बोला था वही तो लाया हूँ...ये लीजिये...अब मैं नहीं जाऊँगा...आप ने तो दौड़ा-दौड़ा कर पागल बना दिया।

गुरु : पागल तो तूने मुझे बना दिया...जा ले जा यहाँ से।

चेला : मैं नहीं जाऊँगा...आप ही इसे पकड़िये और आप ही लाइये।

गुरु : मैं कहता हूँ...तू इसे ले जा...।

चेला : मैं नहीं ले जाऊँगा।

गुरु : नहीं ले जायेगा।

चेला : नहीं।

गुरु : तू ऐसे नहीं मानेगा।

चेला : मैं वैसे भी नहीं मानूँगा।

(झगड़े जैसा माहौल बन जाता है और इसी छीना झपटी में हाथ में ब्लाउज जैसा दिखनेवाला कपड़ा खुल जाता है और उस पर तिरंगा का चिह्न और ये स्लोगन लिखा रहता है चेला वहीं पर उसी स्थिति में फ्रीज़ हो जाता है।)

हिन्दू, मुस्लिम, सिक्ख, ईसाई हम सब हैं भाई-भाई

मेरा भारत महान्

गुरु : यदि हम सब लोग अपने देश की उन्नति चाहते हैं तो आपसी भाई चारा बनाकर अपने हित के लिए एकजुट होकर हम सब लोगों को अपने पूर्वजों से सीख और सबक लेनी होगी। इस धरती माँ ने एक से बढ़कर एक महान् आत्माओं को जन्म दिया है जैसे गाँधी, नेहरू, सुभाष चन्द्र बोस, चन्द्रशेखर आजाद, भगत सिंह और न जाने कितने देश के कितने वीरों ने अपने देश के लिए कुर्बानी दे दी...और ग़ुलाम देश को आज़ाद देश कराया...हम सब को चाहिए कि सौगात में मिले इस आज़ाद हिन्दुस्तान सोने की चिड़िया को सुरक्षित रखें। ऐसा न हो कि हमारे देश के पाखण्डी नेताओं और धर्माचारी लोग या फिर अलगाववादी लोग अपने निजी स्वार्थ के चक्कर में आज़ाद देश को ग़ुलाम करा दें...यदि आप सब लोग भारत माँ की शोभा मुकुट को सुरक्षित रखना चाहते है तो हम सब लोगों को आपसी वैमनस्य, भ्रष्टाचार, अत्याचार, आतंक, हिंसा को जड़ से उखाड़ फेंकना होगा...ये एक ऐसा ताबीज़ है जो कि हम सब को एक सूत्र में बाँधने की प्रेरणा देता है...आइये आज हम सब लोग हिन्दू, मुस्लिम, सिक्ख, ईसाई एक होकर प्रतिज्ञा करें...कि हम अपने देश पर कभी भी काले बादल मँडारने नहीं देंगे और कभी ग़ुलाम नहीं होने देंगे...हम अपने देश की रक्षा अन्तिम साँस तक करेंगे। और अपने मेहनत लग्न से अपने राष्ट्र को धन-धान्य से भर देंगे...तब एक नये युग का निर्माण होगा। हम इस बात का वचन लेते है...ये लीजिये ताबीज...।

(जैसे ही गुरु ताबीज़ को दर्शकों की ओर फेंकने का मूक अभिनय करता है वैसे ही ताबीज़ों के समूह से एक तिरंगा झण्डा निकलता है और मंच के बीचोंबीच गुरु झण्डा लेकर खड़ा हो जाता है, मंच के चारों कोना से

हिन्दू, मुस्लिम, सिक्ख, ईसाई आते है और वे सभी गुरु के अगल बगल खड़े हो जाते हैं, जोकि अपने देश के झण्डे के प्रति पूर्ण निष्ठा व आदर भाव के साथ समार्पित हो जाते हैं

(भविष्य का प्रवेश)

भविष्य : *(प्रवेश करती है)* मैं आनेवाला कल हूँ...यानी भविष्य...जो आज भी पूरी तरह से सुरक्षित हूँ...अब आप पर निर्भर करता है कि आप मुझे सुरक्षित रखते हैं...या फिर...?

(सभी पात्र अपनी मुद्रा में स्थिर खड़े रहते हैं और तभी देशभक्ति गीत की ध्वनि "सारे जहाँ से अच्छा हिन्दोस्ताँ हमारा" बजता है और धीरे-धीरे परदा बन्द होता है।)

●●●